后浪出版公司

带人的技术

不懂带人你就自己做到死!

[日] 石田淳 / 著

孙玉珍 / 译

北京联合出版公司
Beijing United Publishing Co.,Ltd.

前　言

我接下来将要介绍的内容，是针对众多主管的需求而写。

无论是演讲、研讨会或企业研修，每当我有机会接触企业的高层、管理者或主要干部时，总会看到许多人为了指导或培养下属而伤透脑筋。他们要么觉得下属的表现无法尽如人意，要么觉得怎么教都教不会。

尤其是年纪较轻的主管，经常表示自己因为下属始终听不懂自己的意思，而大发雷霆或感到烦躁不安。

而资深的主管则深受自己和下属之间的年龄差距所苦。

此外，无论是哪个年龄层的管理者，都有不少人认为下属之所以做不好工作，原因是出在他们身上。因为他们不够认真或缺乏干劲。

我也看到不少主管，因为怀疑下属的不成材也许是自己造成的，而把自己搞得精疲力竭。

各位认为下属之所以不成材，责任应该在负责指导的"主管"，还是负责学习的"下属"？如果从后面要介绍的"行为科学管理"的角度来看，两者都没有责任。

这单纯是因为负责教的人不知道怎么教而已。

目前有不少企业将教育下属的责任，全都推给直属主管，而主管也只能靠个人的能力和力量教多少算多少。如果主管不知道该怎么教，下属的表现自然无法让人满意。

就连我也从来没有想过要教育下属、培养人才。

在我还是个上班族，第一次成为别人的主管时，根本不知道自己应该做什么。我只是简单进行了两三天的职前训练，就告诉新进员工"剩下的你们自己做，有不懂的来问"，之后就结束教育训练。

等到我正式创业之后，我也只告诉员工设定的目标，要他们尽力而为。完全没有详细说明工作的方式或提供更精确的指示，更不要说向他们说明我为什么要这么做，或这么做的意义何在。

如果他们问我做不到的话该怎么办，我只会告诉他们就算熬夜也要做出来。

这根本是典型的"无能主管"的做法。如果我是下属，应该早就辞职了吧！

而事情果然真的发生了。某一年夏天，一口气有十名员工要求离职。

因为这件事，我才发现自己的管理有问题，之后在翻阅各种管理的相关书籍时，才找到美国这套根据"行为分析学"发展出来的管理方法。

目前这套管理方法在欧美有超过六百家企业和政府机关使用。我针对亚洲人的商业习惯和价值观，稍加修正，使之成为"行为科学管理"。

行为科学管理最大的特色，是将重点放在人类的行为。

公司的经营成果来自于所有员工的"行为累积"，如果想改变这样的结果，只能改变员工的"行为"。

反过来说，只要能够改变员工的行为，就能够得到预期的结果。

员工不成材有很多原因

接下来，我将针对培养或教育下属之所以困难的原因加以说明。

首先，因为大家至今仍根深蒂固地认为"工作不应该是别人教你，而应该是自己偷学"。

现在应该有不少身为主管的人，都曾经听过他们的主管或前辈说过类似的话，你或许也曾经听过。因为你的主管或前辈从来没有逐步教导你认识工作的内容，所以你也只能用同样的方法教育你的下属。

其次，是因为企业对人才的需求发生了极大的改变。

在经济高速发展的时代，经济充满活力，随着人口增加，消费逐渐扩大，只要新产品上市就一定会有销路。

这时候企业需要的是能够服从公司命令、认真工作的员工。

但是现在呢？无论是企业或家庭都物满为患，消费社会已经发展成熟，为了应对这样的现象，近年来第一线的员工有愈来愈多的机会，必须及时提案或解决问题。

此时，企业需要的就是具备独立思考和领导能力的人才。但是因为主管也必须顾及自己的工作表现，所以根本没有时间教导下属。

第三个原因，就是员工价值观的多样化。

成长在物质充裕时代的人，价值观之多变超乎上一代人的想象。举例来说，以前的员工会为了赚更多的钱而团结一致共同努力，但是对现在二十几岁的人来说，赚更多的钱，只是众多价值观中的一种，这样的想法，使得主管、资深员工和新进员工间因此产生"代沟"。

此外，在讲究宽松教育的时代，连考试结果都不再排名次，因而无法培养出孩子竞争的精神，所以利用竞争来提升业绩的管理方式就行不通了。

因为这些原因，所有主管都必须学习以往不受重视的"教"这门技术。

每个人都能学会教的技术

"行为科学管理"的另一个特征，就是无论是谁、在何时或何地使用这个方法，都能够创造出同样的效果，也就是说，这和管理者的素质无关。

这个管理方法的基础"行为分析学",是一种根据大量的实验数据导出的科学理论,因此才可能让结果重现。

由于一般的管理方法,几乎都是以优秀的管理层本身的经验或高人一等的社交手腕为基础,一般人很难模仿这种所谓的成功哲学。

这就是"行为科学管理"与其他管理方法最大的不同。

由于引进"行为科学管理",让敝公司的业绩以惊人的速度大幅增长。请我指导员工研习或担任顾问的企业,也产生了非常好的效果。

"行为科学管理"对于本书的主题——教育、指导和培养也非常有用。因为"教"是为了让学习者学会你所期待的行为,或将行为改变成符合你期待的行为,以创造出学习的成果。"行为科学管理"改善"行为"、提高效果的know how(知道怎么做),可以应用在教育、指导和培养等各方面。举例来说,只要运用"行为科学管理"这个聚焦于"行为"的方法,大部分人都觉得棘手的"称赞"或"训斥"等行为,会变得容易许多。

本书介绍的管理方法,是将重点放在下属的"行为",通过更确实有效的指导,将他们培养成可靠的得力干将。

即使是情绪容易激动或经常感到焦虑的人,只要聚焦于"行为",就可以解决这些恼人的问题。

此外,有些读者或许无法从培养人才这件事中找到乐趣,但只要使用本书介绍的方法,应该就会觉得"看着一个人成长是件快乐的事"。

以前大家都说,一家公司八成的业绩,是由两成的员工创造出来的。也就是说,企业是由两成的"英才"和八成的"庸才"组成的,而"行为科学管理"则能够将剩下的八成"庸才"培养成"英才"。

你只要运用本书磨练你的"教法",就能够让这八成的"庸才"在短时间内明显成长。

此外，本书还有一项特征，那就是从任何一页开始读都没关系，所以就请各位从感兴趣的地方开始读吧！

　读完本书之后，在指导或培养下属时，如果还是有疑问，可以随时参阅本书。

　能够培养人才的人，才能够成为真正的领导者。

　现在，就请大家开始阅读吧！

日本行为科学管理所所长　石田淳

目 录

前　言　1

第1章　教之前必须知道的事　001

01　行为科学中教的技术　003
02　解决问题的关键是行为，而不是心　005
03　什么是教？　007
04　无论小孩或大人，都希望获得认可　010
05　不要一开口就谈工作　012
06　离职率和沟通的程度成反比　014

第2章　主管应该做的事　017

07　掌握下属的工作动机和目标　019
08　让对方了解你人性化的一面　021
09　讨论自己的失败故事而非成功经验　023
10　使用教的技术，就能够缩短培养人才的时间　025
11　培养人才其实很简单　027
12　如何了解下属的烦恼　029
13　在认定是下属的错之前，请先反省自己　031

第3章　你能为下属做的事　033

14　将教的内容分为知识和技术　035
15　请回想一下你如何请孩子帮你跑腿　038
16　彻底分解优秀员工的工作状况　040
17　了解下属知道什么？能够做什么？　046

第4章　怎么教？　049

18　以具体的语言指示或指导下属　051
19　具体告知下属应该采取的行动　053
20　小心使用在公司内经常说的话　056
21　优秀的领导者擅长翻译　058

第5章　教到哪里？　061

22　将目标换成具体的行为　063
23　在达成长期目标的过程中设定短期目标　065
24　无论是教导或指示下属，每次仅限三件事　068
25　制作"不必做"清单　070
26　除了分内的工作，也要教导下属工作的意义和全貌　073
27　不要相信"我懂了"这句话　075
28　将理解转变成能够做到　078

第6章　称赞很重要　081

29　利用考满分的成功经验支持下属成长　083
30　培养思考能力也需要分解行为　085
31　为什么需要称赞？　087
32　如何强化行为？　090

33　给不擅长称赞下属的主管的建议　092

第7章　训斥和生气是两件不同的事　095

34　为什么可以训斥，但是不可以生气？　097

35　训斥他人时，该做和不该做的事　099

36　重点在于谁负责称赞和训斥　101

第8章　为了让下属保持良好表现　103

37　抛弃动机的神话　105

38　强化教学内容，让下属继续保持　107

39　计算行为的次数，给予正确评价　110

40　利用定期反馈完成指导　113

41　你能够把工作交给下属或新人吗？　115

42　慎选强化行为　117

第9章　这个时候该怎么办？　119

43　面对任何下属，教法的基础都一样　121

44　年长的下属　123

45　二度就业的员工　125

46　因理想和现实的落差而烦恼的新人　127

47　优秀的员工　129

48　兼职和派遣员工　131

49　外籍员工　133

第10章　教导的对象人数较多时　135

50　在下属的大脑中画空格　137

51　为什么要写？要写些什么？　139

52 石田式研讨会的法则　143
53 提高学习效果的九种方法　146
54 读书会等活动的流程安排　151
55 活用照片和图片　154

结　语　158

出版后记　164

CHAPTER
1

教之前必须知道的事

01 行为科学中教的技术

前言中提到,我因为苦于无法有效管理,只好到处学习各种方法,期间,我接触到美国一套根据行为分析学发展出来的管理方法。

这套方法的理论明确,十分吸引人,我在返回日本之后,便立刻用来管理自己的公司。结果发现,员工开始充满活力,五年后的营业额甚至提升约五倍,发挥的效果远超过预期。

不过,这套方法的体系由于是美国人建立的,有些地方并不适用于亚洲人。我于是保留这套方法的基础,增加符合日本商业习惯的要素,构建出一套新的方法,也就是我所提倡的"行为科学管理"。

"行为科学管理"的基础"行为分析学",如字面所示,是一门以科学方法研究人类行为的学问,而研究的目的是为了理解:人为什么会出现特定的行为?要怎么做才能加以改变?

行为分析学最大的特征在于所有分析出来的法则,都是通过实验而来的科学产物,因此有重现的可能。也就是说,无论时间、对象或地点如何改变,都能得到相同的结果。

"行为科学管理"当然也和行为分析学一样,只要操作正确,任何人都可以得到理想的结果。

本书的内容,主要是集结了"行为科学管理"运用在教育或指导下属时,所使用的具体方法和创意。

这个方法的目的是和下属建立良好的关系,激发个人的特色,让他们在职场上大显身手。

本书以科学的方法观察和分析,并重现极少数优秀领导者的"行为"。

对于那些正苦于不知如何培养下属的主管,我相信这本书一定能够提升各位"教的技术"。

 ## 解决问题的关键是行为，而不是心

"无论怎么教，业绩就是毫无长进。"

"我明明教他了，他却怎么都做不好。"

这是为什么呢？

答案很简单，你的"教法"不适合对方。也就是说，你无法引导对方做出你希望他做的事。

然而大部分主管和资深员工都认为，问题是出在下属或新进员工的"心"。

因为他们"被宠坏了，缺乏毅力"、"缺乏对工作的热情"或"得想办法改一改优柔寡断的个性"等。

主管认为下属或新进员工的表现之所以不如预期，是因为他们的个性或精神状态。如果不改变这个部分，就无法解决问题。

但是我必须说，只要你这么想，就很难解决问题。因为毫无心理学或精神医学专业知识的上班族，每天要处理大量的工作，谁有办法可以矫正下属或新进员工的"心"？

我想通过本书让大家知道"行为"的重要性。

观察并分析你的对象，也就是人的"行为"。当对方做的事符合你的期待时，就想办法让他继续做；如果不是，就想办法让他做对。

将重点放在"行为"并加以改善，一点都不难。行为科学管理的基础"行为分析学"，从20世纪30年代初期起，便以"这个人为什么会这么做？要如何才能加以改变？"为主题，进行大量的实验和研究。

只要运用这种经由实验得到的科学方法，任谁都可以解决或改善问题。

03 什么是教？

无论是在职场还是日常生活中，我们每天都在使用"教"这个字。例如"教人工作"、"教人读书"、"教人做菜"、"教人打高尔夫球"、"教人使用工具"或"教人如何抵达目的地"等。而教别人做某件事，或让别人教你做某件事，也是稀松平常的事。

那么，我要问各位一个问题："在职训练时教新进业务员基本技巧"、"数学课上教学生计算球的体积和表面积"和"教第一次汉堡做失败的丈夫正确的做法"，这三种不同的"教"有什么共同之处？

这个问题没有绝对正确的答案，而我的答案是：所谓的"教"，就是引导对方做出你希望他做的"行为"。

为新进员工举办在职训练时，讲师会教授符合商业礼仪交换名片的顺序、如何打招呼博取对方的好感、倾听对方说话时如何响应，以及如何询问顾客的需求等各种"行为"。

上数学课时，老师则努力让学生了解求取体积和面积的公式，并学会如何正确计算的"行为"。

在厨房里，妻子站在丈夫身旁，确保他每一步都做出对的"行为"，例如洋葱没有炒焦、将材料混合后搅拌到产生黏性，或者在帮汉堡肉翻面时没有弄坏形状等。

总而言之，我认为的"教"，就是让对方学会你希望他学的行为、做对你希望他做的行为，或改变错误的行为。也就是让学习者学会你希望他会而他不会的行为（例如记住计算球的体积公式，根据需要加以使用），或是将错误的行为（例如以大火炒洋葱，结果炒焦了）转变成正确的行为（以小火慢炒）。

此外，一般人提到"行为"时，大多会联想到活动身体做出动作，但是行为科学则将理解、记忆和思考都归类为"行为"。

如果以"行为"这个关键词为中心，重新检视"教"——这个以往我们从不深入追究它的意义，只是理所当然地使用的字，应该更有希望解决长期困扰大家的各种有关"教"的问题。

当你在教别人做某件事时，请务必记住这句话：

"引导对方做出你希望他做的行为。"

■ 什么是"教"?

以小火慢煎

让学习者将"你希望他学的行为"或"错误的行为"转变成"正确的行为"

04 无论小孩或大人，都希望获得认可

或许有人会觉得，将培养下属和养儿育女相提并论非常突兀，但是从行为科学的角度来看，两者之间有不少共同之处。

基本上，孩子会因为希望获得父母的认可而学习"新的行为"。

他们之所以能够站起来走路、记忆各种词汇和学习说话，是因为只要他们有进步，父母就会高兴地给予赞美。

同样的道理也适用于成人。下属或新进人员之所以拼命工作，动力就是来自于主管或前辈的认可。

面试时主管斩钉截铁地要你一起努力，但是正式上班之后，你却发现对方几乎不指导或协助你，一天到晚只会问你业绩如何。

如果你是个孩子，而父母只用学校考试的成绩帮你打分数，你会有什么感觉？应该会觉得"没有这么糟糕的父母"或"自己不想成为这样的父母"吧！对此我亦有同感。

但是如果换成公司里的主管和下属，以下属的观点来看，应该有不少主管的指导方式，跟那些只靠考试成绩来评断自己孩子的父母，没什么两样吧！

如果是表现优异的员工，经常可以获得主管的认同和正面的评价。

但如果是无论怎么努力就是表现不佳的员工，就几乎没有获得主管或前辈赞美与认同的机会。

如果你衷心希望下属或新进人员有所成长，就不能只重视工作的"结果"，而是必须理解和认同下属或新进人员工作表现（行为）的重要性。

05 不要一开口就谈工作

若想和新进人员或从其他部门调来的员工等新加入职场的人建立互信，最重要的是什么呢？

那就是"切忌一见面就谈工作"。

一开始要和工作伙伴建立关系，最重要的是先建立彼此能够放心谈论工作的基础。

建立这个基础的方法很简单，那就是闲话家常。

无论是个人的嗜好或休闲生活都可以，只要能够找到共同之处，就能够拉近彼此的距离。就算找不到，也一定会让对方产生亲切感。

至于时机是要选在你怀疑对方是否值得信赖或能够和平相处，或是你能够放心地信赖对方，抑或是对方愿意接纳你的时候进行教与学，这就不需要我多说了吧！

以往的企业，公私并不分明。

员工一大早到公司之后，在开始工作前会闲话家常。中午又在员工餐厅一同用餐，加完班后也会一起小酌。到了周末，下属还会到主管家里拜访，有时还会带着家人一同出游，这样的交流活动并不稀奇。

但是最近几年，不要说下属到主管家拜年，就连中秋节或岁末年终的问候也都省了。

现在已经不像以前能够自然形成放心谈论工作的环境，因此必须特别费心建立彼此的互信。

然而如前文所述，就算是闲话家常也能建立彼此良好的关系。

主管："你看了昨天的足球赛吗？"
下属："您是说日本代表队的比赛吗？我看了！课长也喜欢足球吗？"
主管："我初中和高中都在足球队。"
下属："是吗？您踢哪个位置呢？"

这样的互动最为理想。就算有点尴尬，只要主管能够有诚意且愿意和下属互动，一定能够缩短彼此的距离。

不要一见面就谈工作，要先闲话家常。

千万不要忘记这个黄金定律。

06 离职率和沟通的程度成反比

上班族的离职率和他们与主管沟通的频率成反比,也就是说,愈少沟通的下属,离职率愈高,愈常沟通则愈低。

以前我在担任顾问时,要求该公司的所有员工都要携带小型计算机,为的是测量和记录员工互动的时间,也就是沟通的时间,之后我再加以分析。在比较负责同样业务的营业部门间的差异后,我发现,业绩优秀的单位成员间互相沟通的时间,远比业绩停滞不前的单位多出三倍以上。

正因为如此,我建议企业的管理层,记录自己和下属对话的时间和长度。

我认为记录,也就是"测量"沟通的时间长度,是非常重要的事。

只要能够安排一两次谈话,充分聆听下属对工作的想法和默认的目标,之后每个月再安排几次5至10分钟的谈话机会就可以了。此外,如果你知道对方有小孩正在读小学、周末有运动会,隔周上班时,不妨询问对方运动会的情形。

光是这样的一个小动作,下属或新进人员就会觉得主管或前辈很在乎自己，因而愿意相信对方。

这样的做法不只对当事人有用，身边的人听到你们的对话也会受到影响而不自觉地认为：原来我的主管这么关心下属。

之后，身边的人对你的评价，将会超乎你的想象。

对于下属就在第一线服务的课长或经理，沟通尤其重要。虽然和社长或经理间的沟通也很重要，但远不及和第一线人员之间的沟通。

■ 离职率的变化

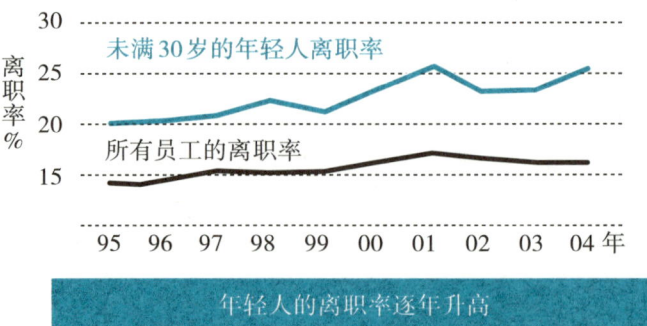

年轻人的离职率逐年升高

*出自日本厚生劳动省的雇用动向调查

■ 离职理由排行榜

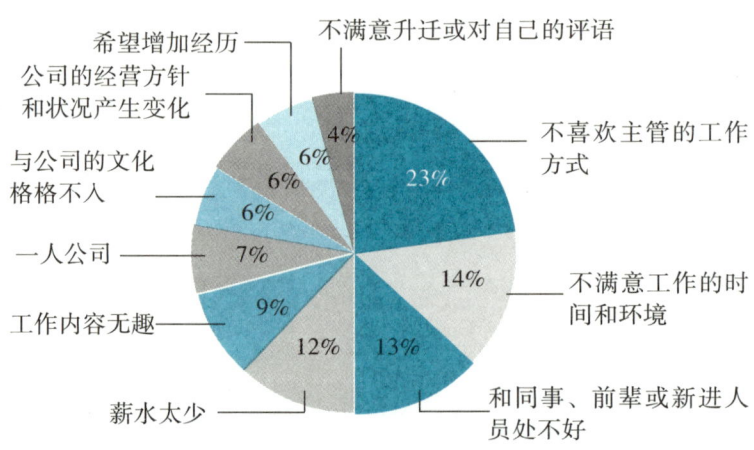

因为主管的工作方式而离职的人最多

*出自RIKUNABI NEXT针对一百名离职员工所做的问卷调查结果
（于2007年4—5月通过网络调查）

CHAPTER
2

主管应该做的事

07 掌握下属的工作动机和目标

你的人生目标是什么？你为什么选择这份工作和这家公司？你希望通过工作得到什么？

以往企业的目标和员工的目标十分接近，也就是：企业希望争取公司最大利益的愿景，而个人希望赚更多钱、出人头地或购屋（汽车、空调），双方拥有相同的方向和热情。

但是现在情况不一样了。每个员工都有自己的目标和价值观，有人是为了将来创业而工作，有的人则非常珍惜与家人相处的时间，也有人是因为能够满足顾客的需求而乐在工作。

举例来说，你如果对二十岁出头的男性员工说，"身为男人，必须具备养家糊口的能力"，他们听着大概没什么感觉，搞不好还会觉得原来这家公司这么八股而感到失望。

在经济高速成长的时代，只要公司表示会加薪，员工就会愿意努力工作。

行为分析学认为两者之间的关系是，公司通过加薪的提议建立操作员工的行为。所谓"建立操作"，指的是刺激员工更愿意采取行动。

举例来说，假设你的下属是因为想要创业才从事现在的工作，你如果建议他"拓展人脉对你的将来有所帮助"，或许会成为他卖力工作的动机，同时也有助于让他回想起自己选择这份工作的初衷。

要操作下属的工作（行为），必须能够掌握下属希望通过工作有什么样的成长。

因此请务必掌握和下属对话的机会，以了解他们的目标和想法。

08 让对方了解你人性化的一面

在第5篇中，我提到要想和新的下属建立互信，最好先闲话家常。或许还是有人对这个方法的效果半信半疑。

那么，就请各位想象自己参加研习的情形吧！

就算研习的内容艰涩难懂，但是如果讲者表现出自己充满人性化的一面，例如告诉大家"其实我非常喜欢韩国的电视剧演员"、"我非常喜欢塑料模型，只要有空就会欣赏自己的作品"或"我很怕老婆，在她面前根本就抬不起头来"，你是不是就会对他产生亲切感？并对研习的内容更感兴趣了呢？

主管若想通过分享，以便和下属建立能够敞开心胸讨论工作的关系，最好的做法就是，身为主管的你，先谈谈自己。

也就是展现自己人性化的一面。

这么一来，不仅能够消除下属紧张的情绪，也更容易谈论自己。

具体的内容可以是"喜欢的书、音乐、电影或运动"，"长期以来的嗜好或现在热衷的事物"，"尊敬的伟人或喜欢的名人"，"出生地或小时候的趣事"等，就算是无关紧要的小事也无所谓。

我曾为某家公司的新进员工欢迎会，制作了一份自我介绍的项目表，目的是让那些不擅长自我介绍的人有话可说。

只要将这张项目表发给所有的与会者，然后指定某人先说说头两项，即使是不擅长说话的人也可以找到话题，例如："我小时候学过……"

请各位也制作一份自己的自我介绍项目列表，然后填入关于自己的数据。

09 讨论自己的失败故事而非成功经验

对于刚接手新工作的新进人员而言,负责教他们的资深员工或主管,堪称是拥有丰富的经验、知识和技术的偶像。

或许有读者纳闷,身为这样的前辈或主管,需要告诉下属或后进自己失败的经验吗?

无论是谁,即使现在工作独当一面,以往也有过屈指无法数的失败经验——但就因为这样,才造就了今天的你。然而新进人员完全看不到这样的过程,他们很容易就认为,眼前的前辈或主管一开始就是这么能干的。

因此,请大家务必要坦承自己失败的经验,例如"曾经犯的错"、"还是新人时完全无法了解的事"或"自己的做法完全行不通"等,而非滔滔不绝地讲述自己成功的经验。

这么一来,下属就会觉得自己和你一样,会更愿意接受你的教导。

告诉下属自己失败的经验还有一个好处。

那就是让下属在工作时有更多的选择。

无论是哪一个行业,成功的方法有很多。

如果你只专注于教导下属成功的方法，下属就会接收到"所以我也要用这个方法"的信息，但是如果他听到的是失败的例子，就会排除这个明显错误的方法，并从其他众多的方法中找出有效的那一个。

不过身为主管或前辈，还是必须具体且详细地教导下属或新进人员，那些他们必须学习的基本知识和技术。关于这一点，我将在后面的第3章详细说明。

10 使用教的技术，就能够缩短培养人才的时间

我长期从事培养人才的工作，发现要培养一个人并不容易。

最有经验的人应该是负责养儿育女的妈妈们。她们从来不认为今天告诉孩子的事，明天他们就能做到。

因为无论是让孩子学习新的事物、生活习惯或学习方法，都必须耐着性子一而再、再而三地教导他们。教导经验丰富、年龄较长的上班族也是一样的道理，都需要花时间。

然而对企业来说，时间的意义完全不同。他们会要求效率，今天做的事在今天之内就必须有结果，顶多也只能等一个月。身为主管的人在设定好本月目标之后，就会要求下属在月底前，必须完成课题或达到设定的业绩。我在与那些因为教育下属成效不佳而感到困扰的主管对话时，发现有不少人不了解企业与教育对时间要求的差异。负责培养人才的领导者或管理层，必须兼具"在短时间内展现成果的企业时间观"，以及"花上数个月至数年实施教育的教育时间观"。在随时意识到"教育需要时间"的同时，也必须指示或要求下属在期限内完成任务。

企业之所以聘用有工作经验的人，为的是以金钱来换取培养人才的时间。以职业棒球为例，就是以丰厚的报酬吸引国内外顶尖的高手加入以增强战力。这当然是一件好事，但一味地这么做，却可能导致整个组织的发展停滞不前。

因为"培养人才的经验"也可以教育负责培养人才的人和组织。

本书的内容分解并分析"教的技术"，让任何人在任何时间或任何地点，都能够教出成果。只要切实实践本书的内容，不仅能够提升培养下属的技术，还可大幅缩短时间。

11 培养人才其实很简单

培养下属确实是件困难的事，更不用说花十几年把孩子养大，当然更是难上加难。

但是我认为对企业而言，"培养人才"并没有这么困难。

因为企业的目标显而易见，无论是任何行业或职业，所有的计划都有明确的任务和目标，员工只要达成目标就可以了。

主管的任务就是让下属成为能够达成既定任务或业绩的人。

由于目标清楚，因此可以找出明确的方法和应该采取的行动。

比起培养没有明确目标的艺术家，培养一名成功的业务员，其实简单许多。

我希望所有的领导层都能够怀抱着希望培养人才，如果有任何疑惑或当下不知道该如何是好的时候，请随时参阅本书。

如同前一篇所写，教育是需要时间的。只要参考本书，根据行为科学管理所设计的"教的技术"，任谁都能够确实提升"教"的技术，大幅缩短培养人才的时间。

只要能够耐着性子教导对方，体验一次"化腐朽为神奇"的经验，就会觉得培养人才是件快乐的事。

12 如何了解下属的烦恼

身为主管或资深员工的你，在教育下属或后进时，最重要的是养成"询问"的习惯。

下属为什么喜欢保持沉默？答案很简单，因为话都被主管说完了。

由于主管知道如何解决下属的问题，经常会在他们诉苦诉到一半时，插嘴告诉他们应该如何解决问题，让下属没有办法继续说下去。

你会把自己真正的想法告诉一个没有说过话的人吗？如果对方平常就会听你说话，你应该就敢对他发牢骚或找他商量事情吧！因此身为主管的你，必须多听下属说话。

至于该如何问话呢？关键在于提问的先后顺序。

遇见下属时，千万不能一开口就问对方在工作上是否遇到了什么困难。

就算你这么问，对方应该也会回答你"没有"，或许心里还会想"现在适合谈这件事吗？"或"这个人怎么这么没神经"。

一开始应该问对方那种完全不需要思考就能够回答的问题，例如"中午吃了什么？""搭哪一班车来公司？"或"刚才出去的时候有没有下雨?"这么做的目的是让对方开口说话,在闲聊的过程中营造有利于谈心的气氛,接着再进一步询问更深入的问题。如果能够先暖场再切入正题的话,对方应该就会告诉你他的烦恼、不满和疑问了。

有些主管受到许多下属的仰慕,非常愿意找他商量事情。这些主管都是在很自然的情况下,依照上述的步骤让对方说出心里的话,所以只要利用同样的"行为",你也一定办得到。

13 在认定是下属的错之前，请先反省自己

如同本书一开头所说的，有时即使主管已经教导下属该如何做事了，成果却依然不如预期，于是会认为，这是因为下属"不够努力"、"缺乏热情"或"必须更有毅力"。

这样的想法有两个错误。

第一，就是将下属已经接受教育却毫无成果这件事，归咎于缺乏干劲、热情或毅力等"想法或个性"。

从行为科学的角度来看，所有成果都是人的"行为"产生的结果。

商业活动尤其是典型的例子。因为平日累积的行为就是工作的成果，所以需要关注的不是想法或个性，而是"行为"。

而第二个错误就是认为"错在下属"。

既然你已经教导下属，为什么成果还是不如预期？原因其实出在教导的方式。

如果能够找出指导无效的理由或原因，例如"教得太快"，"说明太过抽象，下属无法充分理解"或"必须从更基础的东西教起"，并加以确实改善，下属一定会有所长进，而主管"教的技术"也会跟着进步。

如果把过错推给下属的想法或个性，指责他们要更有冲劲、必须振作的话，不仅无法解决问题，还会破坏职场的气氛，导致小组之间士气低落。

在将错误归咎于下属之前，主管务必先反省自己有无不足之处。

CHAPTER
3

你能为下属做的事

14 将教的内容分为知识和技术

接下来，我将介绍具体的教法。

各位在指导下属时，会事先整理相关的内容吗？

你是不是想到什么才说什么？

如果能够事先把内容整理好，教起来当然会更顺手也更有效率。

如果毫无计划或条理，只是想到什么就教什么，不仅无法完整掌握应该教的工作或内容，也有可能遗漏该教的部分或重复教导相同的内容，使你的教学变得非常没有效率。

因此，在指导下属之前，最好还是先把要教的资料整理好。

首先，我先将指导的内容分为"知识"和"技术"两个部分。

以教打保龄球为例，如果学习者从来没有打过保龄球，你应该教的"知识"包括打球的礼仪、游戏规则、选球方法、保龄球的旋转与轨道之间的关系，以及计分表上各种符号代表的意义等。

而应该教的"技术"，则包括如何拿球、助跑，以及丢球和控球的方法。工作和运动的不同，在于很难明确区分"知识"和"技术"，所以只要把能够回答的当作"知识"，能够尝试去做的当作"技术"就可以了。

只要把计划教授的内容，区分为"知识"和"技术"，就能够清楚判断教导的先后顺序，以及每一名下属应该学习的内容。

此外，如果先将内容区分为"知识"和"技术"，在下属的学习情况不如预期时，很容易就可以判断，原因是出在下属的技术不成熟，还是知识不足。只要找出原因加强辅导，就能够得到预期的成果和成长。

知识与技术

	知识	技术
以打保龄球为例	· 打球的礼仪 · 基本游戏规则 · 选球方法 · 计分表上各种符号的意义 · 球的旋转与轨道之间的关系	· 拿球的方法 · 助跑的方法 · 丢球的方法 · 控球的方法
日式点心店的开店准备	· 知道店面的位置 · 知道进货表摆放的位置 · 会看进货表 · 知道备份钥匙和预备金摆放的位置 · 知道每一扇门的钥匙 · 知道如何播放店内的背景音乐	· 能够看懂前一天的待办事项纪录 · 知道店内的电源开关 · 能够使用收款机 · 能够将货品放在冰箱的预定位置 · 知道如何打开店门 · 能够控制店内背景音乐的音量 · 能够准备试吃的食物

15 请回想一下你如何请孩子帮你跑腿

我曾经在研习会上以"请孩子跑腿"为题，让参与研习的员工进行讨论。

假设每个人有一个读小学六年级的孩子，而他已经帮你跑腿过很多次，每次都能够买回你交代的东西。

如果你想拿1000日元请他帮你买回3根每根80日元的红萝卜，以及2条每条100日元的沙丁鱼，你会怎么跟他说呢？

这个时候，你只要告诉他"帮我买3根80日元的红萝卜和2条100日元的沙丁鱼"就够了。如果还要特别交代什么的话，顶多就是提醒他"不可以用找的钱乱买东西"。

那么，如果帮你忙的是从来没有跑过腿的小学一年级的孩子呢？

你应该不会只告诉他"请帮我买3根80日元的红萝卜和两条100日元的沙丁鱼"，之后就让他出门了吧！

你应该会把他该做的事依照顺序写成列表，然后再写上家里的电话号码，并告诉他店员会穿着蓝色的围裙，别着名牌，如果找不到东西可以问他。

也就是说，孩子第一次出门帮你跑腿时，你会将他应该做的事逐项条列清楚，然后简单易懂地教导他。

面对下属时，你也必须这么做。

如果你要下属直接上门按铃推销，除了要询问他是否做过类似的工作，也必须知道他有没有按过陌生人家的门铃。

如果下属是负责宣传部的杂志广告，那你就必须确认他知不知道编制杂志的流程？懂不懂必要的营销用语？是否曾对公司以外的人说明过产品的特征？是否能够校对印刷品？

如果下属是客服人员，你就必须确认他对商品的了解，以及是否知道接电话的基本礼仪和电话的用法等。

请大家务必逐一确认每个人都可以想到的事项，甚至是认为没有必要确认或理所当然应该知道的事。

然后针对下属从来没有做过的"行为"，必须像第一次请孩子帮你跑腿般逐步地教导他们。

16　彻底分解优秀员工的工作状况

接下来，我将更进一步说明上一篇中提到的"行为分解"。

无论是哪一种行业或职业，工作的内容（业务）都是由众多"行为"所组成的，只要加以分解并条列出来，就能够知道你应该教授的内容。

当你在指导下属工作（执行业务）时，应该分解的对象就是能够顺利完成工作、创造成果的员工的行为。

因为能够创造成果的人，会采取能够创造成果的行动。

举例来说，如果公司里有一名顶尖业务员，不妨仔细整理这名业务员每天的行为。

例如他早上几点到公司？在开始工作前做些什么？打电话给客户时如何打招呼？找不到负责人时怎么留言？公文包里都放什么？比约定的时间提早多久抵达客户的公司？交换名片时说些什么？第一次和业务负责人见面时聊些什么？拜访记录上又写些什么？要将所有重要的细节都条列出来。

那么，什么又叫做彻底分解行为呢？为了让各位能够实际体验，请大家尝试分解以下两个动作。第一是"将宝特瓶[1]里的水倒进杯子",第二是"穿T恤"。

这两种行为都是我们经常做的事,但是请大家以"向完全不知道该怎么做这两件事的人说明动作细节"的心情,详细分解这两项行为(提示:两个动作都以"看宝特瓶或T恤"开始,而以"放下宝特瓶或T恤结束")。

分解完毕之后,请大家比较一下解答(参考第162页)。

大家看到分解出来的细项之多,或许会觉得很惊讶,但是为了让完全不了解或是不会做的人,能够完美呈现这两个动作,就必须分解得这么详细。

要将下属的工作分解得这么仔细或许很困难,所以一开始可以分解个大概,之后再将你认为重要的部分写下来。

等到习惯之后,再进行更详细的分解。

由于工作有各种不同的做法,因此最理想的分解方式,就是分解数名员工工作的情形。这么一来,除了每个人特有的"行为",也能够确实掌握创造成果必备的"行为"。

而条列写出的重要项目,则可当作确认工作完成的"检查清单"。

只要能够完整重现清单上列出的动作,任何人都能够像优秀员工般创造出成果,而且只要有这份检查清单,主管就能够提醒下属哪里做得不错,而哪里又需要做重点练习。

---

[1] 宝特瓶是一种常见的容器,其中"宝特"是英文"PET"的音译。PET是聚对苯二甲酸乙二酯的简称,为制造宝特瓶的原料。宝特瓶具有韧性佳、质量轻、不透气、耐酸碱等特点,是装盛果汁、矿泉水、碳酸饮料等的常用容器。

分解将宝特瓶里的水倒进杯子的行为

1. 看宝特瓶

分解穿T恤的行为

1. 看T恤

检查列表范例

拜访公司前
日期：　　　　　　　　拜访目标（公司名、职称、姓名）：
姓名：　　　　　　　　确认者：

顺序		检查项目	备注
1	☐	服装仪容	服装、走路的方法、姿势、口臭
2	☐	明白确认目的和目标，准备提案	根据5W2H检查目的和目标，准备提案的物品。
3	☐	拜访目的与谈话内容的说明（和对方约定时间）	在会议预定表上填入时间、对象、职称、人数、地点和目的，确认提案书和估价表的份数。
4	☐	遵守约定的时间	最晚必须在5至10分钟前抵达开会现场。
5	☐	确认名片的张数	准备足够份数的提案书。
6	☐	制作当天的行程：在白板上写下即将拜访的公司和返回公司的时间	确定自己负责的路线，之后写在白板上。
7	☐	确认拜访对象	确认拜访对象的职称和姓名（填入预定拜访清单）。
8	☐	准备提案以外的闲聊话题	外出拜访客户前确认闲聊的话题。在拜访客户前先想好有关天气或时事等话题。备注：闲话家常的话题。
9	☐	拜访客户前的问候准备	想好前5分钟的话题。
10	☐	掌握客户的信息	确认客户指令清单。
11	☐	打扫公司用车	确认车内有无臭味：不吸烟者可两周确认一次。清理行李和垃圾：返回公司时不要在车内留下垃圾。不在车内放置与工作无关的物品。每个月洗一次车。

顺序		检查项目	备注
12	☐	确认客户公司的位置（入口）	如果是在自家公司附近，事先确认公司与客户公司的位置和距离，如果距离较远，则利用网络地图确认距离。
13	☐	统一自己和主管的行程	到公司后立刻确认当天的行程，在晨会时报告。每天早晚两次确认主管的行程，要求主管同行。
14	☐	在自己和主管的每日报告中填入拜访的"目的"	确认是否已经填写目的和准备物品。

17　了解下属知道什么？能够做什么？

在做好之前提到的检查清单之后，接下来就要确认下属对工作的了解，以及能力所及的程度。

绝对不要自以为是地认为他应该知道什么，或假设他应该办得到。尤其是面对有经验的下属，例如从其他单位调来的员工，或已有工作经验的新进人员，更应该逐一确认相关事项。

我在前面第14篇中提到，要将教的内容区分为"知识"和"技术"两种。首先，确认"知识"的部分，可采取一问一答的方式进行。

确认时可根据检查清单，逐一询问有关工作的专业用语（尤其是针对相关业界或部门），以及为了完成工作所需注意的重点。

例如主管可以问下属："你听说过××这个词吗？"（如果对方听过的话）并接着问："这个词是什么意思？"或者："在接到某一类客户投诉时，你应该将相关信息告知哪个部门？"可以请下属以口头或文字回答上述的问题。

各位或许觉得这么做很麻烦，但是只要做好一份检查清单，无论是指导新进人员或有工作经验的下属，只要是同一份工作都可以派上用场。

另一方面，在确认下属的"技术"时，可利用角色扮演来模拟工作的实际状况。此时，最重要的是根据检查清单，事先确定"观察重点"。我经常有机会到各大企业观摩业务员的角色扮演课程，却发现有不少主管只能提供类似"感觉还不错"等含糊不清的回馈。

如果在结束角色扮演之后，就要求下属实际前往拜访客户，那必须在这个时候就教导他应该做的事。

只要能够掌握下属"了解"和"办得到"的事，再对照检查清单，就能够厘清应该指导下属的内容。

■ 一问一答的确认范例

Q1　接电话时需要注意的三件事

①
②
③

Q2　在与客户开会时,应该提供什么数据?

A1:铃响三次之内接电话,参考放在电话旁的应对说话范例接听电话,接通电话时先说"感谢您来电"。
A2:公司简介、成交纪录、商品简介、名片(在背后写上联络方式)、试用折价券等。

CHAPTER
4

怎么教？

18　以具体的语言指示或指导下属

"真诚待客"、"确实做好"、"尽早提出"……这三项指示有什么共通之处呢?

答案是,这三种说法都含糊不清而且抽象。

在指示下属采取行动时,把话说得愈具体愈好,但是事实上却有不少主管说起话来模棱两可。

这么一来,下属根本不知道该怎么做。

尤其是那些凭感觉就能够完成工作的优秀主管,更要注意这一点。

以"真诚待客"这句话为例,如果更具体地说成"务必以双手将商品交给顾客"或"之后看着顾客的眼睛点头,保持3秒不动",任谁听了都能做得到,也就没办法浑水摸鱼。这么一来,就能够让客人觉得"这家店对待顾客真的很有诚意"。

而"尽早提出"的"尽早"则会因为每个人的认知而异,所以一定要明确规定是"明天"、"星期一早上"还是"这个月月中"提出。此外,主管也经常做出类似"顾客至上"或"追求效益"等内容完全背道而驰的指示。

这也是因为说法含糊不清的关系。听到这种指示的下属，会觉得你要求他"边走边跑"。

当有人要求你做出"边走边跑"这种完全相反的动作时，你会怎么做？

一般人会有两种反应。

一种是不走也不跑，也就是不采取行动。

另外一种就是半走半跑，几乎不会有任何人非常有自信地"走"或"跑"。

如果你希望下属做某件事或学习某项工作，一定要尽可能明确且具体地表述相关的内容。

19 具体告知下属应该采取的行动

当你想以语言具体表述行为时，可以参考行为分析学在定义"行为"时所使用的"MORS法则"（具体性法则）。

MORS法则包括以下四项条件。

MORS法则

- 可测量（Measurable）
- 可观察（Observable）
- 可信赖（Reliable）
- 明确的（Specific）

如果无法满足上述四项条件，就不能称作"行为"。

如果更进一步解释的话，"可测量"就是可计算或写成数据；"可观察"就是无论是谁都可以看出是什么样子；"可信赖"就是无论是谁都能够辨识属于同一种行为；而"明确的"如字面所示，做法是一清二楚的。

举例来说，"密切沟通"、"确实停下脚步"和"提升营业额"等说法，乍看之下似乎都是在表示"行为"，但是因为完全不符合MORS法则的四种条件，无法视为"行为"。

- 密切沟通→"针对每一位客户每三个月打一次电话，询问对公司提供的服务的感想"，"每隔两周寄送一次电子报"
- 确实停下脚步→"静止5秒"，"伸直手臂贴紧身体"
- 提升营业额→"每周派发20份海报"，"在信息网站上刊登广告"，"每个月赠送300份试用品"

只要能够像这样具体写出行为，就知道应该教下属什么，也能够确实检视自己的指导并客观评估下属。

■ **哪一项是行为?**

请在你认为是"行为"的项目前画○

联络感情

减重

加强英语会话

确实整理

提高动机

和朋友沟通

*答案请见第57页页底

 小心使用在公司内经常说的话

　　我在前面不断提到在指导下属工作内容的过程中，必须"分解行为"和"使用具体的说法"。

　　举例来说，如果你要求一个从来没有打过棒球的人，"遇到好球就使劲打出全垒打"，你能够期待对方打出好球吗？

　　什么叫做"好球"？什么叫做"使劲"？从来没有打过棒球的人，完全听不懂你的话，当然更不可能做出正确的"行为"。

　　事实上，以往我也不懂什么叫做"具体的指示"，只知道一味要求下属，"如果你不懂就用眼睛学"，"反正要在期限前完成"，现在想想才发现大家对我这个主管还真是包容。

　　尤其是在公司里说得理所当然的话，更应该置换成"分解行为"和具体的说法。

　　以"确实管理"的"确实"为例，指的是什么状况呢？

　　"要待客如亲"，具体来说又是什么意思？要怎么说才好呢？这个时候又应该是什么表情？应该和对方面对面，还是站在他的身边？如果要求大家"要集思广益"，应该在什么地方表达意见？在会议上、企

业内部网络或提出报告吗？那么，期限或频率呢？还有数量呢？

你能够将你平常理所当然使用的字眼，解释成具体的行为吗？

* 全部都不算是"行为"

21　优秀的领导者擅长翻译

除了上一篇所提到的"必须注意在公司内经常说的话",我认为课长级的管理层还需要具备一项非常重要的技术,那就是翻译。

这里所说的翻译指的是,将以社长为首的公司高层提出的抽象信息或指令,解释成具体的行为,告知第一线的下属。

社长说的话为什么经常会很抽象呢?

这是因为社长必须用一句话向领导层、干部、新进人员、派遣人员和兼职人员等所有员工,以及企划和业务等第一线人员和人事、会计、总务等内部各部门传递信息。

如果社长提出"我们要成为坚若磐石的组织"或"要坚持信念"等信息,身为部门主管的你,面对下属照本宣科地大喊"我们要成为坚若磐石的组织",只会让下属一头雾水不知道你在说什么。

主管必须将社长或高层所提出的抽象要求,以具体的说法直接告知自己部门所属的新进人员、派遣人员和兼职员工,让他们转换成可采取行动的行为。

身为主管的你,平常就必须注意这件事。

优秀的管理层都能够自然诠释高层抽象的说法。

除了要取得下属的信任之外,为了累积自己的经验,身为主管的你,最好也能够学会翻译公司高层的话。

■ 你是否能够将高层的话简单易懂地告知下属？

不要照本宣科，而是要具体解释高层的话，将它简单易懂地传达给下属。

CHAPTER
5

教到哪里？

22 将目标换成具体的行为

我在前面不断提到以具体的方式说明每一项行为和业务的重要性。

而长期的指导目标也需要以"语言"来表示。

举例来说,"学会积极"、"成为具有实践能力的人才"、"提高沟通的能力"等目标,就算你不解释,大家都可以听得懂,但是却不够具体。

当下属被赋予这些目标时,会有不少人不知道该怎么做,所以也不知道该从何努力。

即使是身为主管的你,要确认自己是否"成功指导下属",也会因为目标太过抽象而无法客观评估。

因此,当你在提出类似口号的目标时,必须具体写出"应该学习的知识"或"必须学习的行为"。

这个时候就可以参考第19篇所提到的MORS法则。

一方面利用可供测量的数据,例如"将拜访新客户的次数提高到每周五次以上","每个月必须提出一份新商品企划"或"将顾客回购率提高百分之多少",这么一来就能够让下属了解明确的"行为"。

在经过详细考察之后,无论是对主管或下属,"应该教什么"或"应该学什么"就会变得更清楚了。

其次,就是将目标设得高一点。对于可以在4个小时内跑完马拉松比赛的选手而言,如果将目标设定为3小时59分,因为太容易达成目标,反而会影响斗志。

但是如果设定成2个小时,则又可能会因为门槛过高而早早放弃。

因此,设定只要努力或许可以达成的目标才是最理想的。

23 在达成长期目标的过程中设定短期目标

要达成长期目标，当然需要花上很长的时间。

因此，需要设定短期目标（小的目标）。

如果将目标比喻成山顶，要达成目标不仅是趟漫长的旅程，而且沿途的道路崎岖陡峭，让人不禁怀疑自己是否真的能够成功登顶。

但是如果在这段期间设定短期目标，就能够让人努力达成这些阶段性的任务。

短期目标的难易度以稍加努力就能够达成最好。譬如我的兴趣是跑马拉松，如果以马拉松为例，就是"在下个月之前把跑一公里的时间缩短五秒"或"每周增加两公里的练跑距离"。

这么做有两个好处。

第一个好处就是可以得到成就感。无论是多小的目标，只要能够达成，这种成功的经验就会成为继续努力和采取行动的原动力。

另一个好处就是通过逐一达成短期目标，确实走向原本的长期目标（登顶）。

无论是多么险峻的山路或陡峭的斜坡，只要能够一步一脚印拾级而上，就一定能够登顶。

主管必须和下属一同设定短期目标，让下属朝向目标努力前进。

主管则定期验收成果，只要下属达成目标便给予赞美。关于"赞美"的方法，我会在后面的篇章详细说明。人一旦在某个"行为"之后得到赞美，就会愿意继续重复这个"行为"。

短期目标当然也要愈具体愈好，尽可能穿插数据以便确认是否达成。

■ 短期目标和行为的关系

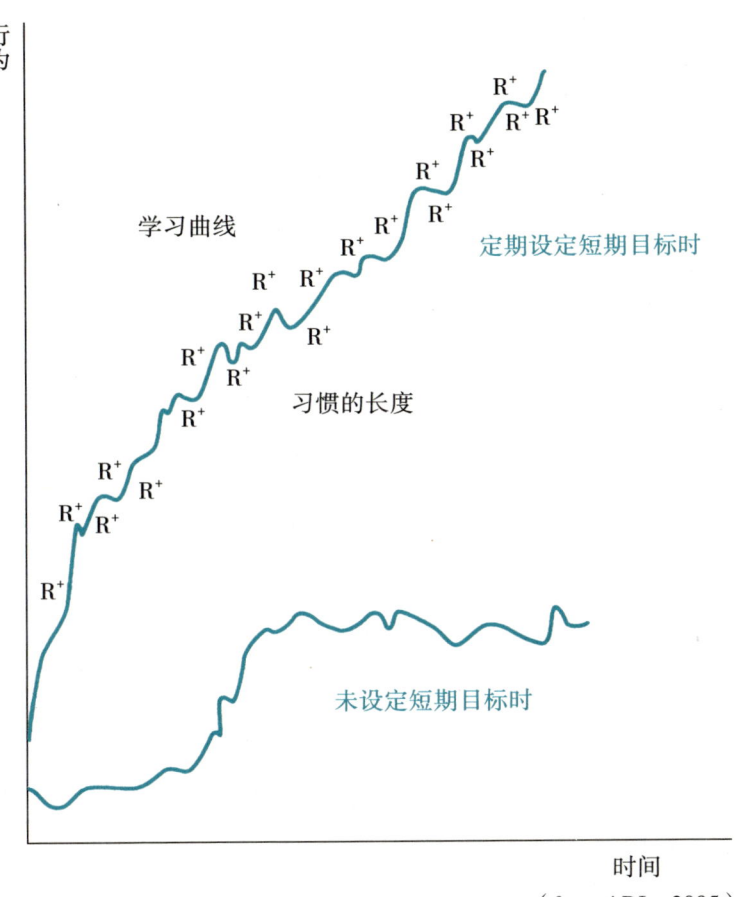

（from ADI，2005）

完成短期目标会成为继续努力的力量

24 无论是教导或指示下属，每次仅限三件事

当我和活跃于大企业的优秀领导者谈话，或者观察他们的工作情形时，发现他们有一项共通之处。

那就是在指示或指导下属时绝不贪心。

人无法一次记住许多事。

所以我认为每次最多只能提出三项具体的行为要求。

如果下属负责的是业务工作，最多只能要求他"每天拜访四位客户"、"学习打招呼的方式"和"记得拿公司简介给对方"。

抱怨下属工作不如预期的主管都是因为要求太多。他们不仅要求太多，有时甚至还会要求下属必须做到"提供等同世界顶级酒店的服务"或"成为全公司的业绩冠军"，而这根本是不可能的任务。

以二十秒的广播广告为例，如果在这么短的时间内，一口气告诉听众产品概念、命名由来、经济效益、耐用测试的结果、销售地点、使用者的心声和联络者的电话，你能够完全听懂并记住吗？

应该只有记忆力非常好的人才可能办得到吧！

那么，传递信息的人该怎么做呢？只能将想要传递的信息内容加以精简。

接下来，我将介绍精简信息内容的方法。

25 制作"不必做"清单

在传递信息时，应该注意什么呢？

一般来说，大家会先决定什么样的信息需要优先传递，但我认为先决定什么样的信息"最不需要"传递更重要。

大家听说过"劣后顺序"这个词吗？

举例来说，如果今天要做的工作有十项，决定要先做哪一项就是"优先级"。因为最后必须完成十项工作，就算改变先后顺序，完成工作所需的时间也几乎不会改变。

如果只锁定其中特别重要的两、三项工作，其他的都不做，这就叫做"劣后顺序"。

也就是说，主管的任务就是厘清什么是下属"不需要做的事"。

请告诉你的下属"我要求的是业绩，为了达成业绩，请你做这些工作。而那些工作没有用，所以不需要做"。

如果以80/20法则（帕雷托法则），也就是"20%的员工创造80%的业绩"来说的话，前20%的员工都能够自然决定出"劣后顺序"。

而剩下的80%则办不到。因此如果主管能够明确指示"劣后顺序"，就能够使80%的员工的行为更靠近前20%的员工。

如果能够制作与"必做"清单相反的"不必做"清单，确认下属没有做不必要的工作，这才是最理想的做法。

■ 决定劣后顺序

依照范例为下属或新进人员制作"不必做清单"

不必做清单
☐ 上午不收发电子邮件
☐ 客户交由新进人员接待
☐ 本周不拜访既有客户
☐
☐
☐
☐
☐
☐
☐
☐
☐

26 除了分内的工作，也要教导下属工作的意义和全貌

在教导下属工作时，必须确实解释工作的意义，例如"为什么这么做"。

尤其是在进行团体或跨部门合作计划时，经常会很难找出工作对每个人的意义和重要性。

但是对这个计划而言，每项工作都是不可或缺的。每项任务都是靠每一个人的努力完成的，如果说得更精准些，是靠每一个"行为"累积而成的。

更进一步来说，每个人的"行为"也支持着公司贯彻理念。

为了让下属了解这件事的重要性，必须让他们掌握即将执行的业务定位和整个计划的意义，也就是计划的"全貌"。

这么一来，下属才能够确实执行应该采取的行动。

当你希望某人帮你找来石头在营地堆成炉灶时，没有人会不告诉对方目的，只要求他去找石头。

然而职场上却经常发生不告诉下属工作的意义和目的，只说明工作内容的情形。

此时，必须让下属了解工作与相关部门和成员之间的"关系"。

此外，清楚告知下属工作的范围，也是非常重要的事。

面对第一次打棒球的选手，只告诉他"守住内野"是不行的，因为说不定他连内野在哪里都不知道。

必须明确告知他防守的范围和四周其他选手的工作，例如"左、右外野手和二垒手会防守特定的位置，你要负责接住内野的球"。

这么一来，下属就能够充满自信地做自己的工作。

27　不要相信"我懂了"这句话

当你教完下属或新进人员一件事时,你问对方:"听懂了吗?"他们应该会回答:"懂了。"

在这看似理所当然的答案中,隐藏着很大的陷阱。

因为就算他们回答你"懂了",事实上有不少人就算没听懂也不好意思说"不懂"。或者他以为自己听懂了,事实上却理解错误,或是连自己究竟懂了没有都不知道。

我以前也是只要听到对方说"懂了",就会以为他是真的懂,但是我错了。

尽管你花了许多时间和工夫教导下属,但他如果还是不懂,你的指导工作就不算结束。

因此只要你教完一件事,就一定要确认对方是真的理解或真的学会了。确认的方法有很多,我在此举出三种为例,各位可依照教导的内容或当时工作忙碌的程度来做选择。

1. 请下属重复一次

这是确认对方是否理解你所教内容最简单的方法。

只要你在开始指导前告知下属，最后你会要求他重复一次听到的内容，就能让下属更专心学习。

如果是教授技术，可以请下属重复一次你示范的动作。

要判断下属吸收的程度，可参考第16篇中提到的检查清单。只要事先将所有项目中特别重要的重点制作成清单，下属"重复的内容"或"演练的技巧"包括在这些重点当中就算及格。如果有遗漏，就再针对这个部分重教一次。

2. 请下属交报告

请下属根据你指导的内容写出学习心得。

这个方法虽然比重复一次更花时间也更费工夫，但是对下属而言，却是思考学习内容的机会，而主管也更能够客观冷静地确认和评估自己的指导成果。

评估的标准也可以参考第16篇中所提到的检查清单。

只要设定及格标准，例如五项重点中只要写出四项就算及格。

3. 让下属思考成功和失败的模式

"懂"和"能做（能够使用）"之间有很大的距离，相信各位都有过明明知道但实际到了现场却无法活用的"经验"吧！

如果把学会的东西依样画葫芦就能够解决问题的话，那也就罢了。但大多数时候，因为合作的对象或当时的情况不同，必须随机应变活用学习的内容。

　　虽然"事不到临头无法处理"的说法不无道理，但我认为在这个阶段还是可以让"懂"尽可能接近"会做"。

　　那就是让下属说明今后要如何在工作上运用所学。这或许有点像是专业体育选手进行的假想训练，不过不是漫无目的地想象，重要的是必须着眼于成功和失败的关键。举例来说，你可以提出下面的问题。

　　"你认为要如何运用今日所学在你的工作上才会成功呢？"或"你认为如果使用这种方法会失败吗？"要尽可能请下属分别说明重点和理由，这么一来就可以让他们通过语言，表达"对成功的想象"和"不能做的事"，让"理解"在某种程度上向"能够做到"靠拢。

28　将理解转变成能够做到

我们为什么要教下属工作呢？答案很简单，就是希望他会做这份工作。如果是这样的话，只"教"他工作是不够的。

因为"理解和能做"与"将它实际运用到工作上"之间，有很大的距离。

有不少出租车司机只要乘客一上车，就会开始播放要求乘客系上安全带的广播（编按：较常见于日本）。我们每个人都会系安全带，也知道万一发生事故，没有系安全带是很危险的事。

但是却有不少人因为嫌麻烦，在行驶一般道路时并不会系上安全带。

即使你知道对方希望你这么做，但要实践或持续却很困难。

无法持续学习英文或保持快走的习惯也一样，为了达成"会说英文"或"减重以维持身体健康"的目标，即使知道"行动"是必要的，也会忍不住偷懒或选择轻松的路走，这是人的天性。

"接下来应该就是当事人自主性的问题了吧！"

我非常理解有人这么想，不过遗憾的是，所谓的自主性是非常不可靠的东西。

为了让下属持续实践"你希望他学习的行为"（也就是你知道通过这个行为能够确实提高成果的行为），绝对需要身为主管的你的支持。

因为只有这样，你的"教的技术"才算大功告成。

CHAPTER
6

称赞很重要

29 利用考满分的成功经验支持下属成长

主管的鼓舞和支持可提高教育下属的效果，最具代表性的做法就是交付下属他确实能够完成的工作，以此累积成功的经验。

若以补习班为例，相信大家就不难理解我的意思了。

面对一个不喜欢读书的小学五年级学生，优秀的补习班老师该怎么做，才能帮他培养学习的习惯呢？

首先，应该让他接受四年级或三年级学生程度的测验，当然，不要事先让孩子知道测验是属于哪个年级。

这么一来，大部分的学生应该都可以考到将近满分。如果他还是考不好，就让他写二年级程度的考卷。在确定他能够考满分之后，就让他不断重复写同样程度的考卷，累积"考满分"的成功经验。

这么一来，他不仅能够得到成就感，同时也会产生自信，觉得只要自己愿意就一定能够做到。

之后他就会主动读书，而这就是教育孩子的法则。

如果一开始就让他写很难的考卷，情况又会如何？

孩子会因为不会写而放弃读书。

工作也一样。

为了教会那些不知道该怎么做事或怎么教都教不会的下属，请给他们一份一定能够完成的工作，帮助他们考满分。

因为下属愈早拥有愈多的成就感，就会对自己愈有自信，之后再逐步提高工作的难度就可以了。

最重要的是，主管必须创造这样的学习过程。

30 培养思考能力也需要分解行为

接下来,我将从别的角度来讨论,一开始就让下属能够胜任工作的重要性。

培养人才最重要的目的在于,"让他们理解不懂的事"或"学会原本不会的事"。

然而,在这之前还有一件非常重要的事。

那就是:随时都会做自己原本已经会的事。

但让人意外的是,有不少主管认为,这两件事的先后顺序应该相反。

主管在确认下属会做什么和不会做什么之后,应该从会做的事当中,找出下属"百分之百会做的事"让他做,以此让他考满分。

之后再认可下属完美达成任务,建立彼此之间的关系,更进一步确认下属"随时都能够完成会做的事"。

这么一来,下属才有办法挑战不会做的事。之后主管只要循序渐进增加工作的难度就可以了。

此外,在职场上经常可以看到,主管要求连基本工作都还无法胜任的下属"自己想"。

你会要求一个还不会加减乘除的孩子靠自己解开方程式吗？不会吧！

但是在职场上却经常发生类似的事。

如果是为了刺激下属的"思考能力"，你必须将"思考"的过程分解成一个个的"行为"，让他了解思考的先后顺序并加以说明。

这就好像为不会向后转的人逐一解释每个动作，例如"这里手臂要弯曲"或"脚要往这个方向踢"，同时示范给他看，这两件事是同样的道理。

首先，要让下属利用基本的工作为自己加分，因为这样他就会有自信靠自己思考，之后再培养他"思考的能力"就可以了。

31 为什么需要称赞？

为了更有效地教育下属，还有一个方法，那就是"称赞和训斥"。

在我们讨论称赞和训斥的方法之前，我要先从理论的角度，说明人类行为原理的"ABC模式"。

```
A  先决条件（Antecedent）……采取行动之前的环境 ◀─┐
   ↓                                               │
B  行为（Behavior）……行为、发言、举止              │
   ↓                                               │
C  结果（Consequence）……采取行动之后环境产生的变化 ─┘
```

这里所说的"先决条件"或许有点难懂，其实就是指人在做出特定行为之前的环境，以及做出这个行为的目的、目标和期限。

A"先决条件"、B"行为"和C"结果"之间有明确的因果关系，如箭头所示，"行为"受"先决条件"影响，同样的，"结果"和"先决条件"也分别受到"行为"和"结果"的影响。

也就是说，为了目的A而做出行为B时，如果得到想要的结果C，C会影响A，而A就会影响B，当事人就会持续或反复出现这项行为B。以下是具体的例子。

```
A  先决条件：电车里很闷热
     ↓
B  行为：扇扇子
     ↓
C  结果：变凉快
```

```
A  先决条件：有人请你吃饼干
     ↓
B  行为：吃一个
     ↓
C  结果1：很好吃
   结果2：你不喜欢饼干的味道
```

第一个例子因为扇扇子让他变得凉快，所以这个人应该会继续"扇扇子"这个行为。

而第二个例子，如果吃饼干的结果是"很好吃"，你可能再拿一个来吃。如果结果是"你不喜欢的味道"，你可能就再也不会吃它了。

所有行为都建立在类似的因果关系上，人类的"意志"对这样的因果关系没有太大的影响。

因此，如果你想要下属做出或学会某种行为，与其鼓励他们加把劲或振作一点，还不如控制A、B、C之间的因果关系来得有效。

那么，要如何控制这个因果关系呢？

就以往的管理方法来看，重点几乎都是放在"先决条件"。也就是只要设定好"目标"，下属为了达成目标就会采取行动。

如果下属的行为不如预期,就责备他们"太过散漫"。

这个时候的重点,在于让下属倾向采取某种行动的原因,也就是行为产生的"结果"。

如果扇扇子就会变凉快,大家就会继续扇。如果吃饼干得到"很好吃"的结果,就会再吃一个。

在工作上如果能够得到想要的"结果",就能够让下属更频繁地采取相关的"行为",更主动地面对工作。接下来,我将介绍控制"结果"的方法。

32 如何强化行为？

我在前一篇介绍了"ABC模式"，以及要增加下属做出重点"行为"的频率，"结果"要比"先决条件"重要的概念。

无论是用扇子扇风或吃饼干，在完成相关动作之后，都出现了"变凉快"或"吃了好吃的饼干觉得幸福"的"结果"。

但无论是工作或培养人才，主管希望下属实践或学习的"行为"，有许多不会立刻出现明确的结果。

以拜访新客户的"行为"为例，照理说只要增加拜访的次数且持续不断，应该就会出现你所期待的"业绩增长"这个"结果"。但事实上下属在做出"行为"之后，几乎无法获得"好的结果"。

假设你每天听英文广播，这个行为应该会产生语言能力提升的"结果"，但遗憾的是，即使你听完一次广播，也无法期待立刻就获得"听懂美国人说话"这个简单易懂的"结果"。

此时在"行为"之后，刻意给予对方想要的"结果"的做法，就能够派上用场了。简单来说，就是赞美对方。

如果是喜欢吃巧克力的人，每次听完英文广播就能够拿到高级巧克力的话，应该会大幅提升继续这个"行为"的意愿。

行为科学将这样的现象解释成"听英文广播的'行为'，被高级巧克力'强化'了"。

行为分析学和行为科学的专家，通过许多实验证明，经过强化的行为，出现的频率的确会增加。

"强化"行为的工具有很多，对上班族来说，最有效的就是主管的赞美与认同。

赞美对培养人才很重要，从科学的角度也是说得通的。

33 给不擅长称赞下属的主管的建议

有不少企业主或公司主管，都表示自己不擅长称赞下属。

尤其是四十岁以上的人。因为在他们那个时代，无论是父母、老师或公司的主管，都认为严格管教和斥责子女、学生或下属是理所当然的事。

只有在成功挑战非常困难的任务之后，才可能获得称赞。

因此应该没什么人在确实完成"日常的工作"，例如写完功课、结束社团训练或公司的正常业务时，得到父母、老师、学长或主管的赞美吧！

事实上，根据一项针对四十五岁以上的管理层所做的调查结果显示，有高达90%的人在担任一般职员时，从来没有获得主管称赞。

大家常说每个人在为人父母之后，会以父母管教你的方式来管教自己的子女。这也难怪，因为你只知道这种方法。同样，从来没有被称赞过的人，在成为主管之后，也不会称赞下属。

但是称赞下属的目的，是希望"强化"你希望下属学习的行为。

那么，应该称赞什么呢？没错！就是称赞他的"行为"。你称赞的重点不是下属的人品或个性，而是他的"行为"。

只要了解这一点，就应该不会觉得"称赞他人"是件棘手的事。

我经常遇到公司的主管跟我诉苦，说他们搞不懂下属在想什么。我经常这么回答他们："你不用搞清楚他们在想什么，只要把重点放在他的行为，认同他的工作成果，确实称赞他就行了。"

CHAPTER
7

训斥和生气是两件不同的事

34 为什么可以训斥，但是不可以生气？

"生气"和"训斥"有何不同？

我以前曾在一位著名哲学家的书中，看到他将愤怒定义为："因为自己制定的目标和现状之间有极大的差距，在找不到拉近这个距离的方法时所产生的情绪。"

也就是说，人在一切顺利时是不会生气的，只有在"事情明明应该是这样，但是现在却是那样的状况"的时候，才会生气。

根据长久以来的经验，大家应该都知道生气是无法解决问题的。

举例来说，没有人会生婴儿的气，然后告诉他："还有两年就要上幼儿园了，赶快学着走路，不要在地上爬了。"而且当原本在地上爬的孩子忽然站起来，你还会称赞他："好厉害！"

但是为什么长大之后，却要反其道而行呢？

你如果对婴儿生气，接下来会发生什么事？他就不会想站起来走路了，因为他觉得这么做你又会生气。

行为分析学将这样的现象解释为"愤怒使行为消失"。

我在第31篇提到称赞也可以强化行为，使特定行为出现的频率增加。

因此，你如果想使特定的行为出现的频率增加，就给予赞美，而这就是教育下属的主要原则。

但是如果还是忍不住对下属或后进发火，只要跟他们解释你生气的原因就可以了。例如："刚才真的很抱歉！没能认清目标和现状，仔细分析彼此间的落差并找出解决的方法，是我不好！"

另一方面，"训斥"则是在必须改善对方的行为时，给予提点或要求的行为。

如果是真的为对方着想，有时也需要加以"训斥"。不过这个时候需要注意几件事，接下来我将更进一步说明这些注意事项。

35 训斥他人时，该做和不该做的事

我在第32篇提到称赞的对象应该是"行为"，训斥时也一样。

绝对不可以拿下属的人格或个性大做文章。

你如果骂对方"因为太邋遢，所以业绩才会上不来"或"每个人都会做的事，你竟然做不好，你的父母是怎么教你的"，试问，你的下属或后进面对这样的指责，该如何改进呢？

就算你怪下属因为他老是发呆，所以做不好工作，这样依然无法解决问题，而下属听到这些话，也会无法再相信自己的上司。

因此，训斥一个人时，要着眼于这个人的"行为"。

必须将问题锁定在"应该做却没有做"和"不可以做却做了"的行为。

如果你的下属每次开会都迟到，你提醒他，因为他总是晚5分钟才开始准备才会迟到，并要求他"把这点改一改"的话，他的行为应该会有所改善。

不过，只有责骂是无法轻易改变行为的。下属在遭到主管训斥之后，行为应该会有所改善，但是如果不改变"行为的习惯"，很可能又会故态复萌。

因此，除了一味地训斥，更重要的是告知下属改变行为的方法。举例来说，你可以建议下属利用手机闹铃，在会议开始前10分钟提醒自己。当下属准时出席会议时，也要记得称赞他。

或许有人认为在训斥下属时，如果提供改善的建议仿佛是在讨好对方，其实不然。

你训斥下属是希望对方改变行为，朝你期待的方向发展，然后支持他继续保持你希望他做的行为。这两件事必须一起作用，才能让"训斥"这个行为发挥最大的效果。

36 重点在于谁负责称赞和训斥

讨论训斥和称赞方法的书和文章有很多，但是除了这些技术性的方法外，还有一个很重要的方面，可以影响称赞和训斥的效果：那就是负责称赞和训斥的人。

称赞（训斥）的重点不在于内容，而是在于负责称赞（训斥）的人是谁。

如果称赞自己的主管，是平常就能够适当评估自己的行为，让下属觉得自己因为是在他底下工作，所以才能够享受工作的乐趣，被这样的主管称赞，理由是因为客户感受到自己的细心，所以才能够创造业绩的话，下属一定会表现得更加积极。

相反的，如果是自己无法尊敬或讨厌的主管或前辈，不要说是训斥，就连"称赞"都无法充分发挥作用。

如果主管平常就只会抱怨自己的主管或公司，无论是被这样的主管称赞或训斥，下属应该都无法接受。

曾经有人问我，他以前因为自己的主管很情绪化，让他有所成长，因此他是不是也应该对下属大发雷霆比较好？

这种情况是因为你很佩服那位主管，你们互相信赖，愤怒才能够产生正面的效果，这堪称是称赞（训斥）的内容并不重要最典型的例子。

最根本的问题在于，你自己是不是一个值得尊敬的主管或前辈？阅读相关的书籍，学习称赞或训斥的说法当然会有所帮助，但其实并不需要太善解人意。因为只要你拍拍下属的肩膀、看着他的眼睛、大大点个头，并且让他知道"我认同你的行为"，这样就够了。

CHAPTER
8

为了让下属保持良好表现

37 抛弃动机的神话

不只是在商业或体育界,现在就连学生或小孩,都理所当然地把"动机"这个字挂在嘴上。

这个词原本是念头、给予念头或自动自发的意思,最近却被用来当作"干劲"的同义词。

甚至还有不少人非常矛盾地说:"我虽然有动机,却没办法去拜访客户。"

正常来说,如果有干劲的话,应该就可以去拜访客户了,所以说不定这只是个借口罢了。

我经常在研讨会上强调:"请大家不要以'动机'或'干劲'等模棱两可的说法,来判断下属的行为,请计算他们采取行动的次数。"

只要拜访的客户数目持续增加,就表示下属有干劲。就算下属没说,你也会知道。相反的,如果拜访的客户数目减少,不管当事人怎么说,都表示"动机"确实降低。

为了提振真正的"动机"(给予动机或自动自发)而非所谓的干劲,可以对下属说明工作的意义或描绘清楚的愿景,让他了解如果工作顺利完成，结果将值得期待。

　　这就是第31篇中提到的"ABC模式"中的"A（先决条件）"。

　　为了让下属做出你希望他做的行为，这是个非常有效的方法，但是让它保持下去并不容易。为了让下属持续做出你希望他做的行为，必须加以强化。

38 强化教学内容，让下属继续保持

所谓的"强化"，指的是让下属重复某一个动作的行为。

为了让下属在工作中不断活用主管教授的技术和知识，"强化"是不可或缺的条件。

接下来，我将根据第31篇中介绍的"ABC模式"来加以说明。

```
A  先决条件（Antecedent）……采取行动之前的环境 ←┐
   ↓                                              │
B  行为（Behavior）……行为、发言、举止             │
   ↓                                              │
C  结果（Consequence）……采取行动之后环境产生的变化─┘
```

如果在采取行动之后，得到的结果是自己想要的，当事者就会持续重复这个动作。

这是人类的行为原理，这种现象被解释为"行为因为得到想要的结果而被'强化'"。

当你的下属或后进做出你希望他们做出的"行为"时，都一定能够

得到想要的结果的话,他们就会持续做出同样的行为。不过在职场上有不少"行为",不一定能够马上获得想要的结果。

以业务为例,下属之所以采取"逐一拜访名单上的公司"的"行为",是希望得到"签约"的结果。

但是就算拜访完一家公司,也未必能谈成一桩生意。事实上,有时候必须拜访数家或数十家公司,才可能谈成一笔交易。

如果经过不断的拜访却得不到"结果",下属就会降低拜访的速度,溜到咖啡厅打发时间的情形也可能增多。

当下属不再持续进行"逐一拜访名单上的公司"这个应该持续进行的"动作",有不少主管会将理由归咎为"下属缺乏毅力",于是要求他们"要有干劲"。

但是行为科学并不认为这是有无毅力的问题,而是因为采取行动之后,无法获得想要的结果,所以无法继续同一个动作。主管可以通过有意识地提供"想要的结果",支持下属继续努力。那么,什么才是下属"想要的结果"呢?那就是对行为本身给予明确的评价。

一般来说,公司里的主管在管理下属或后进时,大多将重点放在他们工作的"结果"或"成果"上。在审核他们的工作表现时,也是最重视这两件事。

但是,因为所有的结果,都是平日各种"行为"累积而成,因此主管应该注意的是下属的"行为"。

如果想要更进一步改变"结果",就只能改变"行为"。

如果你希望获得某种"结果",就只能将以往的"行为",确实改变为可创造出结果的"行为"。

如果下属或后进在你的指导下,确实采取能够创造结果的"行为",请务必给予好评。

一次行为无法立刻创造出想要的"结果",但是如果这个"行为"

能够获得好评,就会让下属觉得"主管确实看到我的表现"或"主管认可我的行为"。

这对他们来说,就是他们"想要的结果",行为也会因此被"强化"而不断重复。

如果是不断创造出绝佳"结果"的优秀员工,平常就会获得好评,基本上就算没有主管的支持,也能够不断做出你希望他做、而且也能够创造结果的"行为"。

但是始终无法做出"结果"的员工,在过程中即使做出"你希望他做的行为",也无法获得好评。

要持续一个无法获得好评的"行为",是非常困难的一件事。因此,身为主管的你,给予下属的"评价"影响非常之大。

接下来,我们继续讨论如何具体给予下属"评价"。

39　计算行为的次数，给予正确评价

要想让下属感觉到，你因为他做出"你希望他做的行为"而给予"好评"，最简单的方法就是称赞他。

除了语言之外，还可以通过凝视对方然后点头或拍肩膀等方法，只要让下属感觉到主管赞同他的"行为"，就是成功的"评价"。

但是要利用"评价"确实"强化行为"，还有一个方法：那就是测量。说得更清楚些，就是计算下属做出你希望他做的行为的次数。

以业务为例，如果下属拜访了名单上的一家公司，那就是"1"。因为你不可能一整天都跟着下属，计算他做出目标行为的次数，因此可请下属自行计算和记录。主管只要负责确认，在下属完成动作时给予评价。

你也可以请下属将结果记录在记事本中，之后再口头报告。如果想让主管清楚看见自己努力的成果，可以制作图表。

只要下属不断重复主管希望他做的"行为"，就能够逐渐往想要的"结果"靠拢。就算当下无法获得明确的"结果"，能够通过图表清楚了解实际采取行动的次数，也会是极大的鼓励。

在测量下属采取行动的次数时,最重要的是锁定能够直接创造结果的"行为"。如果拼命计算无关紧要的行为,不仅毫无意义,还可能因此增加下属做出不必要行为的次数,要多加注意。

主管和下属可参考第16篇中所提到的"确认清单",一同筛选出最重要的行为。

如果无法以数据评估这个行为,可将它分成"优/良/普通/差/劣"五个等级。

此时必须注意,不要让下属和其他员工相互比较,最重要的是,让他记录自己针对特定行为所设定的目标达标率。

■ **将测量的结果制成图表**

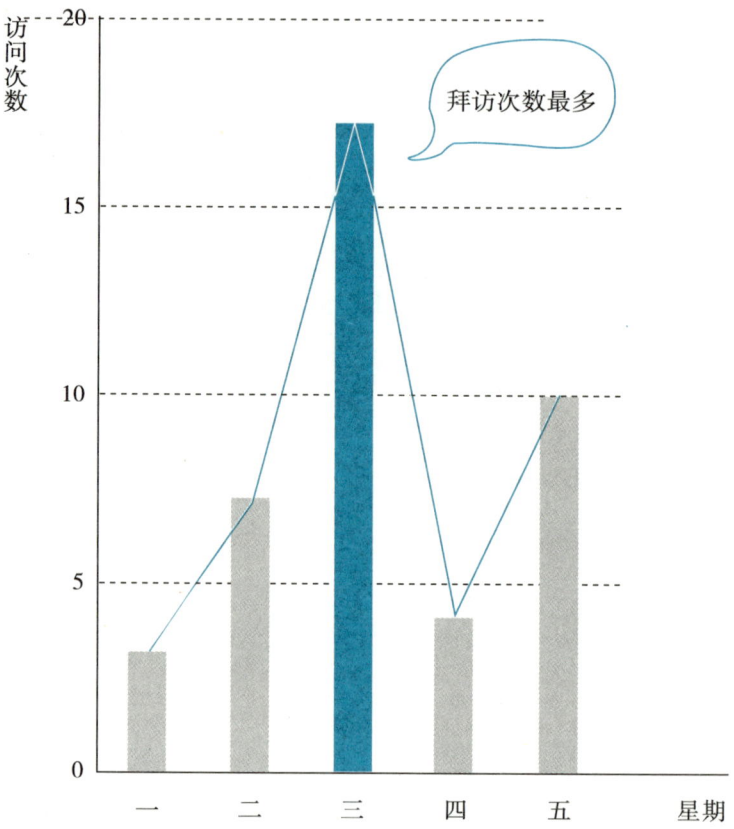

以数字表示可明确看出下属的行为，方便给予称赞。

40 利用定期反馈完成指导

在下属计算出"你希望他做的行为"的次数,并制作成图表之后,接下来就轮到你给予反馈。在检查过定期纪录,确定下属顺利采取行动的话,就给予称赞。但这也不是什么大不了的事,只要告诉他"你做得不错"就够了。

那么"定期"的频率大概是多久呢?要想"强化"行为,给予反馈最理想的时间是在行为发生之后(六十秒之内)。

如果对方是小孩子,在行为发生的次日才称赞他,将无法"强化"他的行为。但如果是大人,就算一段时间之后才给予赞美,"强化"行为的效果,和在行为发生之后给予赞美是一样的。

根据行为分析的实验结果显示,给予反馈的有效期限长达两周。如果是在一个月之后才给予反馈,就完全没有"强化"的效果了。因此,至少每两周就和下属一同检查纪录一次。

而且无论怎么忙,都要按照计划的周期进行。如果三天打鱼,两天晒网,会明显削弱"强化"的效果。

只要主管和下属、前辈和新进人员一同找出可创造"结果"的"希望对方做出的行为",同时加以计算并记录次数给予反馈,下属和新进人员就能够持续做出"你希望他做出的行为"。

这么做的好处还不只这些。

由于下属和主管针对共同的目标一起努力,同时确实评估结果,因此可以加强双方的互信度。此外,由于指导的目标明确,所以能确实提升主管培育人才的方法和管理技巧。

41　你能够把工作交给下属或新人吗？

主管在培养人才时，必须知道行为分析学中常用的说法："提示"和"撤除"。

"提示"是协助对方方便采取某种行动，就好像在猜谜时为猜谜者提供言语上的提示，或是给予正在练习倒立的人身体上的协助，如帮忙扶住高举的双脚等。

而"撤除"则是指解除辅助的意思。

在游泳池里使用的浮板，或儿童脚踏车两侧的辅助轮，都是一种辅助。

脚踏车的辅助轮是做什么用的呢？是为了让孩子学习不靠辅助轮也会骑脚踏车，而游泳训练的目标，也是为了不靠浮板游泳，而不是"抓着浮板游得像条美人鱼"。

但是我在拜访过许多公司之后，发现有许多主管都让下属"骑着装有辅助轮的脚踏车"到处跑。

这些下属和其他公司开会时，随时有主管跟着。会议的数据明明应该完全放手交给下属准备，主管却经常构思好文件的内容，写好草稿交给下属。

以主管陪同前往其他公司开会为例，如果是在下属还是菜鸟时，于介绍产品等重要场合若无其事地给予协助，倒也无可厚非。

但是这些动作都是为了让下属日后能够自食其力所提供的协助，总有一天必须放手。

身为主管的你，即使注意提供新进人员所需的帮助，却不知道何时应该放手。

这么做会妨碍下属真正的成长和自立。无论是主管或下属，经常在毫无自觉的情况下忘记撤除协助，所以请大家趁这个机会检讨一下自己的做法吧！

42　慎选强化行为

接下来，为了让各位更容易理解问题所在，我将以父母教导孩子读书为例，讨论各位在职场上也一定会遇到的类似情形。

有一位母亲要求她读小学却从来不念书的孩子，每天一定要看30分钟的书，看完书之后才可以打电子游戏或看电视。孩子只好非常不情愿地开始看书，这个动作让从来没有看过孩子读书的母亲非常高兴。她每天算准时间在30分钟之后帮孩子准备点心，并称赞他"很乖"、"做得很好"。

一个月之后的某一天，这名母亲翻阅孩子的笔记本，惊讶地发现孩子的字写得乱七八糟，根本无法辨识。

然而以行为科学的角度来看，不断"强化"孩子"用写得乱七八糟的字来做功课"的行为的人，不是别人，就是这位母亲。

因为她只把重点放在"读30分钟的书"，而且不管孩子的字写得多丑，都不断地称赞他，也就是说，她除了"读30分钟的书"之外，同时也强化了"写很丑的字"这个行为。如果她希望孩子把字写得漂亮，应该要清楚告诉孩子，并定期检查孩子的作业本。如果孩子把字写得很漂亮，才给予称赞。

同样的情形也经常发生在职场上。有不少主管因为下属加班的时间很长，或者每天都在外奔波，就觉得他们很勤劳或是表现得不错，因而觉得放心。

加班的时间长，原因可能在于规划工作时间的方式有问题，或是在制作企划书时，花了太多时间整理文件的格式，也有可能是因为没有整理数据，所以无论做什么都要花更多的时间。

对于那些不需要像新进人员般紧盯他们工作表现的资深员工，主管更要费心，要经常像检查初中生的"作业本"一般，检查他们的"工作内容"。

CHAPTER
9

这个时候该
怎么办？

43　面对任何下属，教法的基础都一样

无论主管的任务是教导下属新的工作、进行工作的方法或动作，还是长期协助下属成长，最重要的关键在于"行为"。

要想创造成果，一定有必须采取的行动。如果下属做不到，主管一定要教到会为止。

如果是做出这项行为的次数不够，主管就必须想办法增加次数。如果下属做出"你不希望他做出的行为"，干扰他做出"你希望他做出的行为"，主管就必须想办法制止（或减少）。

通过这样的方式，只要能够增加下属做出创造成果所必需的"你希望他做出的行为"，就一定能够得到你想要的成果。

在这个过程中，下属的个性或意志坚强与否，都不是指导的重点。指导的重点始终都是"行为"。

我要强调的是，就算下属比你年长（甚至是外籍人士），只要聚焦在"行为"上面，就能够进行有效的指导。

不过，如果能够考虑下属的特性或立场配合指导的话，将有助于彼此的沟通和改善指导气氛。

以我为例，我绝对不会因为下属的性别而给予差别待遇，但是会有所区别。

例如搬重物的工作，我会交给男同事。部门的成员在经过长时间工作后，到了休息时间，我也一定会让女同事先休息。当主管和下属一同等电梯时，有的男主管会不顾一旁的女同事先行进入电梯，但对于我来说，则是完全无法理解这样的行为。

人之所以会因应不同的特性和立场，考虑或顾虑不同的事物，是因为尊敬对方。主管对下属必须常抱尊敬之意，针对对方的"行为"给予指导和教育。只要能够做到这件事，就一定能够提升你的领导和管理能力。

44 年长的下属

由于泡沫经济崩解，企业扩大裁员，再加上全球化导致竞争激烈，使得日本依照工作年限决定职位和薪资的制度，以出人意料的速度快速瓦解。

因此，以往日本企业绝对不可能出现主管带领"年长的下属"的现象，现在反而变得再稀松平常不过。

那么，主管该如何指导比自己年长的下属呢？

我认为最重要的是，不要以主从的身份来看待主管和下属之间的关系。

也就是把两者当作是因为所处的位置不同，分别扮演"带领团队给予指示"和"在第一线创造成果"的两个角色。如果主管能够以"两人是依照彼此的长处负责不同的工作，但立场是一样的"态度来面对下属，在指示或指导下属时，应该就不至于不知所措了。

"第一线就麻烦某某先生，如果发现任何问题，请立刻汇报。我会负责调整或处理。"

就算不说出口，只要以这种态度来面对下属，同样身为具有专业能力的人，一定能够顺利完成彼此的工作。

　　这么说虽然有点不礼貌，但年纪较长却只能在他人手下工作的人，多少都不够机灵，或是可能不懂得有效利用时间。

　　因此，要注意不要过度扩增他们负责业务的分量或范围。

　　在分配工作时，要以充分活用下属的强项和专长为优先。

　　当然于公于私最重要的是，将年长的下属视为人生的前辈表示敬意。

45　二度就业的员工

二度就业的员工，主要是靠以往的资历获得公司聘用，作为可马上派上用场的战斗力。

或许有不少人认为，因为他们已经累积相当的工作经验，所以不需要花太大的力气教他们工作，但是，正因为他们曾经在其他公司工作过，更需要确认一些事。

那就是他们对这份工作的了解，以及能力所及的程度。

即使他们以往曾经待过同样的业界，负责或担任过相同的业务或职务，但是"创造成果的行为(工作的方式)"不可能完全一样。不同的公司，业务用语的使用方法也大多不同。

首先可以利用之前第17篇中介绍的方法，厘清下属"已经知道/不知道"和"办得到/办不到"的事。如果有不知道或办不到的事，要确实教导他们，这是第一个重点。

主管在面对有经验的下属，在确认有无基本知识和技术并给予指导时，多少会有些裹足不前。

但有不少有经验的员工在执行日常业务时，会不好意思询问一些基本问题，或是不清楚相关用语的使用法是否和之前的公司一样。

第二个重点，就是彻底执行"劣后顺序"。所谓的"劣后顺序"，如同第25篇中所说，就是"不需要做的事"。有经验的员工会依照以往的职场经验，来决定行为（工作）的先后顺序。其中会包括公司"不希望他做的事"或"不可以做的事"，所以要清楚告诉他们该做什么或不该做什么。

第三个重点，是把有经验的下属当作咨询的对象，多请教对方的意见。这么一来，不仅可以强化彼此的信任度，还可以得到这些在其他公司工作过的人的看法。

46 因理想和现实的落差而烦恼的新人

只要回想一下你以往的经验，就不难了解有多少新进人员，是因为认同公司的理念、愿景、重视的价值观、对贡献社会的看法，或是因为欣赏公司的经营者而前来应征的。

但是在进入公司之后才发现，完全找不到当初认同的崇高理念和思想，只看到严格规定营业目标或削减预算等极为现实的一面。

部分新进人员在看到这个理想与现实落差的情形之后，会不禁怀疑自己当初为什么要进入这家公司，甚至因此丧失了工作的意愿。

为了避免这样的情形发生，只要一遇到类似的状况，就必须对新进人员说明企业理念与日常业务之间的关系。例如：

- 你每天的工作和公司的理念或许看似毫无关系，但事实上却十分密切。
- 为了实现公司的理念，每个部门或小组都必须负担一部分（被分解成行为）必须达成的任务。
- 包括你在内的所有员工，每日所采取的行动，都可以提高公司的业绩或收益，公司才可能服务客户或社会，也才能因此贯彻理念、实现愿景。

如果公司内部负责指导新进人员的主管都能够了解，这些话对于他们的重要性就再好不过了。但若是有主管认为企业理念根本是白日梦，重要的是增加收益，接受了这样指导的新进员工，将来一旦成为主管，也可能这样指导自己的下属。

因此，为了这些未来的干部，请务必确实给予指导。

47 优秀的员工

如果要先说结论的话，那就是无论下属有多么优秀，主管都不能放任不管。主管如果不闻不问，一定会影响下属的表现。

各位认为"主管把工作全权交给下属负责"，代表什么意思呢？

说得更明白些，就是主管把自己分内的工作都交给下属负责。但这里有一个最重要的前提，就是主管必须检查自己工作的进度。

自我管理是非常困难的事。人类原本就是会试图以轻松的方式创造成果的动物，如果没有什么方法或机制加以管理，一定会想偷懒。在没有约束的情况下，能够自我管理的人，大约只有3%到5%。

此时，主管就必须负责进行不定期的抽检。

我在前面说过，对于还无法完全胜任工作的下属，必须进行定期检查。

如果以同样的频率检查一个能够独当一面的下属的工作进度，反而会影响他的工作意愿，所以，只要偶尔出其不意地要求提报工作进度就可以了。

如果工作进行顺利，则必须认同下属所做出的"行为"。如果能够由衷赞美对方"你真不简单"或"把事情交给你果然没错"则是最好的做法。若觉得不好意思，大大地点个头也可以。

　　让优秀的下属能够确实感受到自己深受主管信赖，是件非常重要的事。

48 兼职和派遣员工

除了受欢迎的服饰店或主题乐园等，或是拥有强大品牌实力的企业，到一般公司兼差的员工，几乎都不是因为该公司的理念、愿景或目标，才选择这家公司的。

这些人在选择应征的公司时，考虑的重点应该是时薪、工作条件，以及内容是否适合自己。

如何才能让这些兼职人员了解工作内容，展现出最好的工作表现呢？

如果是正式员工，可以利用公司的理念或当事者希望通过工作达成的目标，建立操作动机（可引发行为的作用）。但如果是兼职人员，最好的做法，则是让他们觉得自己的工作"值得一做"。

最有效的方法，就是详细说明工作的全貌和兼职人员的定位，让当事人强烈感受到"自己的重要性"。

请务必向兼职人员简单明了地说明在整个工作流程中，和兼职人员有关的人员与单位之间的关系，以及工作的最终目标。

如果是派遣人员，基本上都是"相关领域的专家"，不需要详细教导工作的方法。

不过如果需要派遣人员做的是具有某种难度的工作，而非较不受时间限制的文书工作，就需要充分沟通。

沟通的重点在于"行为（工作态度）"，而非对方的私生活。

想办法让兼职人员感受到工作的价值是很重要的。

49 外籍员工

在指导外籍下属时,最重要的是沟通,或许会有读者认为"这还用你说!"

那么,各位认为在沟通时,需要注意什么呢?

听到我这么问,大家或许会觉得惊讶,但是在和外籍员工沟通时,最重要的是不要过度依赖语言。

对于生长在拥有不同的语言、民族、文化和价值观环境中的人来说,因为使用的语言无法沟通,所以他们会另外寻找沟通的工具。

在这样的情况下,应该如何和外籍下属互动呢?基本上,就是根据"行为"给予明确的指示。

我跟各位说个小故事。有家公司在某个国家盖了一座工厂,并派遣一位完全不会说当地语言的日籍员工,前往担任社长。

一般来说,大家应该会先学习语言和文化,在融入当地的生活之后,才正式开始工作,但他却是一到当地就开始处理公务。他只使用"YES(是)"、"NO(不是)"、"赞美的语言"和"禁止的语言"四种说法,针对当地员工的行为(工作)来指导他们工作,一年内便将营业额提高1.3倍。

也就是说，只要把重点放在行为上，就能够创造工作的成果。

关于不依靠语言的沟通方式，可参考"视觉支持"的技术。我会在后面的第55篇更进一步说明这个部分。

CHAPTER
10

教导的对象
人数较多时

50 在下属的大脑中画空格

一旦必须站在众人的面前说话,大家都会不自觉地想要传达更多的信息。以前的我也是这样的。

请各位回想自己小时候有没有过类似的经验:无论是学校的晨会或举办活动,校长及来宾的致词又长又无聊,你根本听不进去。

他们说话的方式都只是条列式地说明想说的内容。

结果,听的人根本不知道对方想说什么,说了什么,还要说多久,这就好像被丢到一个陌生的地方,手上没有地图,在路上不知道该往哪里去。

因此,说话时最重要的是得在听众的大脑中画空格。

我在演讲时经常一开始就告诉与会者,今天要演讲的内容是什么。这么一来,与会者就会在脑海中准备几个空格,之后只要将详细的内容分别填入就可以了。

因为听话者在一开始就接收到经过整理的信息,而非事后才整理相关内容,所以会更容易理解。

以地图的方式来组合说话的内容,也很有效。

只要先将整个活动的内容告诉学习者，例如今天读书会的目标、目前的进度或计划解决的问题，就能够大幅提高学习的效果。

这个方法除了演讲和读书会，也可应用在会议讨论。身为主管的你，不妨活用空格和地图的概念，彻底整理所有与会者的想法。

51 为什么要写？要写些什么？

各位在参加研讨会或读书会时，有没有被要求写笔记的经验？就是拼命抄写讲师写在白板上的内容。

因为大家拼命抄笔记的场景，会制造出一股用功的气氛，让参与者觉得会议进行得颇顺利，也学到不少东西，但遗憾的是，结果并非如此。

在类似的学习场合，重点应该是在了解某个概念或学习某种规则的行为，而拼命抄写是与原本的目的毫无关系的"无用行为"。

因此，在有限的时间内进行指导或讲课时，要让与会者抄写相关内容必须要有方法。

接下来，我们就来做个实验。

1.请翻开下一页,在10秒钟内记住页底粗体的数字。

2.请回答第142页下方*后的问题。

3.请抄写第143页的数字3次。

4.写完之后,请回答第146页下方*后的问题。

如何？

大部分的人在抄写3次之后，应该都已经记住数字的排列顺序了吧！

也就是说，"写"这个动作和"记忆"这个动作之间，有非常密切的关系。

因此，如果你希望下属记住某件事，一定要在学习时让他抄写相关的部分。

和"写"这个动作关系密切的，还有"想"这个动作。

举例来说，在上数学课时，有的老师会告诉学生题目的解法很重要，一边在黑板上写算式，一边要求学生仔细看着黑板，记住解题的方法。

学生虽然以为自己懂了，但事实上根本完全不懂，也记不住，因为他们没有试着自己解（写）一次。

愈是不懂教法的老师，愈会采用这种方式教学。

在黑板上尽是写一些不那么重要，或是大家已经学过的简单问题，却不写他希望学生记住的重点。

类似的情形也经常发生在开会或讨论时，有些主管的口头禅就是要求下属"想一想"。光"想"是没有用的。如果真的希望对方思考，就需要提供方法或动机。

举例来说，可以具体要求下属针对"要达成今年四月底的目标，应该怎么做"，把自己的想法写出来。

这么一来，下属就会拼命思考，并把想法写成文字。

在研讨会或读书会等学习的场合，使用"写"这个和记忆与思考关系密切的行为时，必须审慎思考要下属"为何而写"和"写些什么"。

这个时候，我有两个原则。

8567145310

1. 请下属填写希望他们记住的关键词

因为把宝贵的时间用来写板书太浪费了。

事先将重要的信息整理在讲义中,将你希望下属记住的重点或用词做成填充题。

2. 希望下属思考时,可让他们自由发挥

无论是参加研讨会或读书会,最重要的目的是,要将所学应用在自己的工作或生活中,因此,必须将"所学和所记忆的内容"落实到自己的问题。

我在要求研讨会的学员自由书写时,都是从这样的角度来决定主题的。

* 左边数来第3个数字是什么?

52 石田式研讨会的法则

接下来,我将介绍我在主持研讨会或进行演说时,如何使用和连结各种要素(印刷品/幻灯片/说/写/读等)的四种方法。

这些方法除了公司内的读书会或讲习,也可用在公司内外举行的会议、企划或产品说明会上。

1.不要只靠说

如果是在时间较长、必须传达一定分量的信息或知识的"会议"上,要先舍弃用口头传递所有信息的想法。

首先,因为这么做,只会让与会者觉得厌烦。如果讲者是个相声家或演说家,或许还可以靠巧妙的说话技巧,吸引大家的注意,但是其他人恐怕很难办到。即使连我都没有把握。

9682134295

另外一个原因是,除了说话之外,还有很多传递信息的技巧,若能将它们巧妙地加以结合,就能提高学习效果。此外,各位不妨思考一下:什么样的信息需要口述?

2.分别使用讲义和幻灯片

无论是讲义或幻灯片,因为上面已经事先标记文字或图案,对与会者来说,看起来几乎都一样,但我却将它们分开使用。

如果从使用幻灯片的角度来看,我使用幻灯片的第一个理由是,希望营造一股"参与"的气氛。

与其要大家看讲义,不如要大家看幻灯片上的图片一起思考,更能够提高参与感,凝聚向心力。

其次,就是将讲义的概要或重点整理成幻灯片,让大家知道虽然讲义的内容很丰富,不过因为相关重点已经整理成幻灯片,所以请大家看幻灯片。

这么一来,大家就会记笔记,或标记出讲义的相关内容,以此确认重点。这么做还可以让与会者在会议结束后,边看讲义边复习。

3.读与写

除了单方面提供信息外,重要的是让学习者有参与感。

这一点虽然大家都知道,却从来不思考让学习者以什么样的方式以及参与什么样的内容,才能达到最好的效果。反而常常将重点放在设计有趣的活动上。

我们应该考虑不同行为的特征,运用不同的方法。如同之前所提到的"书写"这个方法,非常适合用来让学习者记忆重点或思考授课的内容。

而"读",则可用来帮助学习者吸收知识。

4.区分说话的内容

如同之前所说,可将基本的信息做成讲义或幻灯片。

"讲述"的内容可以包括强调需要记忆的重点,帮助与会者理解教学内容的范例,依照与会者的行业、职业或阶层提供可供活用的重点。

只要将上课的信息做成讲义或幻灯片,再加上"书写"和"诵读","讲述"的分量就可以减少许多。不擅长说话的人,也可以满怀自信地使用这个方法。

53 提高学习效果的九种方法

当我们在学习某件事时,大脑会处理眼睛或耳朵接收的信息。如果你的教法能够协助大脑进行信息处理,将可提高学习的效果。

接下来,我将介绍教育心理学家罗伯特·加涅(Robert M. Gagne)所提出的"加涅的九种教学事件",主要是讨论九种协助大脑处理信息特别有效的教学事件(方法)。

这九种方法除了有助于指导下属或后进,也有不少可用于研讨会或说明会。

1. 引起注意

首先是让学习者注意你。

你可以告诉学习者"我们现在就开始"。如果上课或开会的人数较

* 左边数来第5个数字是什么?

多，也可以一开始就利用实际演练或欣赏短片等较新鲜的方式暖场。如果是一对一，可以提出一个和教学内容有关，但有点突兀的问题，以此让学习者对学习内容感到好奇。

2.提示学习目标

在开始指导之前，便向学习者说明即将教授的知识或技术，例如"今天要教的是在某种情况下必要的专业用语"，或"接下来要练习的是某种技术"。通过这个动作，可让学习者产生某种程度的期待，让他们更专心，同时也可以提高学习欲望。

3.回忆必要的知识

在教授"技术"时，主管若能实际进行演练，效果更好。

在教授新的内容时，很多时候都需要"既有的知识"。

举例来说，在训练下属进行产品说明会的产品展示时，要先了解产品的规格和幻灯机的用法。

因为以往曾经学习过的知识，会被储存在大脑的"长期记忆"中，可自由回忆和运用。

4.提示学习内容

这是"教授新事物"的主要过程。

可以口头或讲义告知学习者即将教授的内容，若是由指导者实际进行示范则是最好的方法。

此时，必须注意两件事，那就是"突显重点"和"锁定教学内容"。这和记忆的方式有关。

人类会将经由眼睛或耳朵接收到的信息，暂时储存在"短期记忆"中，但是，因为短期记忆可储存的信息量有限，所以必须加以筛选。

筛选的方法非常简单，那就是只储存对自己有利或需要的信息，其他一概舍弃。

如果你希望学习者将你希望他记住的事，储存至"短期记忆"中，最重要的是明确突显相关的重点。

因此，不妨将讲义或幻灯片上相关部分的文字，放大或换成粗体字。如果是以口述教学，可调整音量的大小或高低，或特别强调重点内容，这么一来，学习者就会知道哪些是重要信息而优先存入短期记忆。

之所以要锁定教学内容，是因为短期记忆的储存量有限，因此每次最多只能教三件事。

此外，如果能够事先整理好内容，尽量以简洁的方式表达，就能够提高信息被存入短期记忆的可能。

5. 提供学习辅导

为了协助学习者将储存在短期记忆的信息移入长期记忆，可以利用的方法有很多，例如"以不同的说法说明"、"介绍实际的例子"、"举例"或"连结已知的事物"等。

此时的重点为"不断重复"和"让刚学习到的信息变得更有意义"。

为什么不断重复可以帮助学习？因为"短期记忆"如同其名，只能在短时间内储存信息，如果不想办法在二十秒内加以处理，这些信息就会消失。

至于让信息变得更有意义，则有助于"长期记忆"接收相关信息。无论是将教学内容与学习者已知的信息相互连结，或是举例说明，通过各种不同的方法，都能让学习者学到的内容更有意义，定义也更加清楚。

6. 练习

确认学习者是否正确接收到教学的内容。

如果你教的是技术，那就请学习者实际演练一次。如果教的是知识，可以利用小考或抽考来确认。

7. 提供有利的反馈

通过给予反馈，让学习者知道自己是否通过第6项的考验。

本项的目的在于，确认学习者是否真正理解教学的内容，避免产生误会或缺失。请各位切记，这一项并不是用来评估下属的表现。

8. 评估学习的成果

利用考试等方式，确认学习者是否确实记住或学会应该学会的事。

除了在教学结束后进行评量，如果能间隔一段时间再测验，多确认几次的话更好。

9. 运用所学

在间隔一段时间之后反复练习，在各种情况下活用学习的成果，有助于加强记忆和运用所学。

此时，可更换不同的情境和主题，给予学习者不同的任务。

请各位务必利用以上的九种方法，提升自己的"教法"。

54 读书会等活动的流程安排

身为公司高层或主管的你，应该有不少机会在读书会或研讨会等场合，面对大家说话吧！或许有的读者现在还没有机会，不过以后仍有可能会碰上。

这个时候必须先考虑流程的安排。

我安排研讨会或演讲的流程时，会参考两个原则。

1.基础∶应用∶发挥=6∶3∶1

"6∶3∶1"是表示时间的分配。

如果是100分钟的读书会，我会依照内容的程度，将时间调整为一开始的60分钟是基础，接下来的30分钟是应用，最后的10分钟则是发挥。

以行为科学的读书会为例，一开始的60分钟，我会安排学员学习基本的内容。接着要求学员将以往学过的行为科学基本理论，运用到实际的工作。即使在学习基本内容时，那些认为行为科学很简单的学员，在面临要落实自己的问题时，仍会茫然不知所措。因此，让学员有实际运用的机会非常重要。

最后的10分钟，我会介绍程度较高的内容或较困难的主题。

一开始学的是简单的加减乘除，最后却以微积分收场，就算内容的难度落差稍大，也没有关系。

这是为了让学习者想象，现在学到的内容将会和未来的工作有关。这样不仅可以提高他们的兴趣，也可能让学习者想更进一步进修。

2. 90/20/8法则

英国教育学家、同时也是思维导图的开发者托尼·布赞（Tony Buzan）指出，参与研讨会或研修的人员，能够在听取报告时，同时理解内容的时间平均为90分钟，能够边听边记忆的时间则只有20分钟。

人才开发界的大师鲍伯·派克（Bob Pike）根据这项数据，开发出90/20/8法则。以下是他的建议：

- 研修的过程不能超过90分钟
- 至少每20分钟就要改变形式或进行的速度
- 每8分钟让学员有参与的机会

其中，我认为最重要的是随时提供学员参与研修的机会。

这么一来，学员就不只是坐着听讲。为了让他们听讲、看幻灯片或将学习内容落实到自己的问题，可以安排学员活动身体，或者进行写、读及参与实践课程，让他们专心上课而不感到厌烦。

55 活用照片和图片

大部分的主管在教导下属工作的方法或给予指示时，都是利用语言，以"口头"的方式说明。但其实可以根据不同的内容，利用图片或照片等视觉数据，让下属更容易理解。

利用视觉数据教导下属工作的顺序，或者给予重要指示时，名为"视觉支持系统"的教育法非常值得参考。

这套学习法是20世纪60年代从美国发展出来的，也用于治疗自闭症儿童的治疗教育法"TEACCH计划"（Treatment and Education of Autistic and related Communication handicapped Children，简称TEACCH，自闭症及相关沟通障碍儿童的治疗与教育）中。罹患自闭症或亚斯伯格症候群的孩子，擅长通过视觉学习。只要通过图片或照片，便能够顺利让他们理解时间表（当天的计划、一周的活动流程等）或顺序（洗手的方法、穿衣的顺序或购物的方法）等。

类似的支持计划在企业界也十分普遍。在人种多元的美国，有愈来愈多制造业和服务业的第一线，利用类似"视觉支持系统"来标示工作的流程。

我们公司在大约七年前也引进了这套系统。

将"到公司后应该做的事"或"员工共享文具的放置处"等信息可视化之后，包括新进人员在内，同样的工作无论谁做，都能够得到同样的结果。

随着企业全球化，和外籍人士共事将成为常态，这个做法十分值得一试。

■ 笔者公司的视觉支持系统

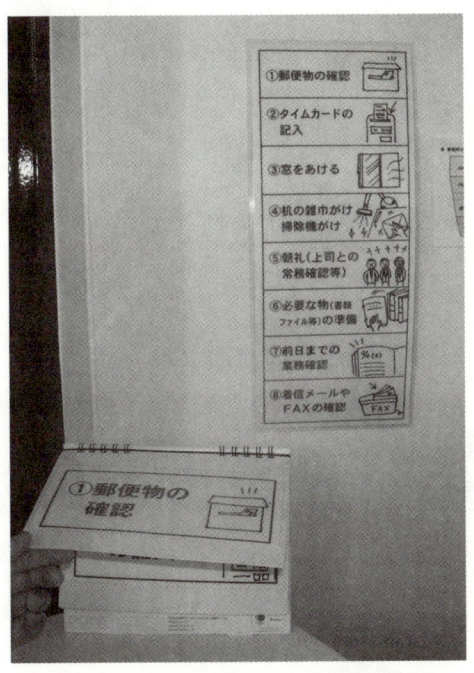

利用照片或图片等视觉数据，让员工了解工作的流程

无论是谁都能在短时间内学会相同的行为

■ 日本某服务业实际采用的视觉支持系统

1. 预约的客人一上门，负责招待的员工必须放下手边的工作去迎接顾客。

4. 打开大门，让顾客进入店内。

2. 顾客将车停在停车场，等待接待人员。

5. 告知店内其他人员顾客已抵达。

3. 当顾客走到距离停车处和店门口的中间时，向顾客说"让您久等了"，并弯腰45度鞠躬。

6. 全体员工对顾客说"让您久等了"，并弯腰30度鞠躬。

将工作的内容可视化，让员工更容易了解

结　语

　　未来企业的价值观和理念将会变得无比重要。

　　此时，不只是组织的领导者，各部门的干部和组织内的所有成员，都必须有不可动摇的信念与韧性。

　　因此，"培养人才"就成了重要的关键。

　　该如何认同自己公司的理念？该向主管或先进学习什么？该将什么传承给自己的下属和后进？又该如何将这些信息传达给顾客和合作伙伴？

　　对于未来的领导层而言，"教的技术"将会愈来愈重要。

　　行为科学管理为了能够仔细观察并分析所有行为，在简洁告知下属的同时，还会进行"行为测量"、"反馈"和"强化"等细部补强。因此，有人怀疑这么做会不会培养出依赖的下属？

　　这误会可大了！

　　这个方法的目的，是在培养能够设定目标、主动工作，同时能够靠自己思考和行动的自立型人才。

　　2011年3月11日，日本发生了极大的变化。

　　这场堪称前所未有的灾难，给日本造成了莫大的伤害，除了连带引发了核爆事故，也引起日本国内和其他国家的各种经济问题，进而改变了所有生活在这块土地上的人们的人生观和工作观。

"我为什么要工作？""这真的是我想要做的事吗？""只要想怎么赚钱就够了吗？"

各位读者偶尔应该也会有这样的念头，并重新开始思考许多事吧！

我尤其强烈感受到"人是无法独力完成任何事的"。

原本大家都因为厌倦家庭的羁绊、邻居间的互动以及同事间的心灵交流等人际关系，于是只想独自享受富裕的物质生活，但却因为这场突如其来的危机，让日本人再次体会到人际互动竟是如此的重要！

我认为这除了是一种危机意识，同时也是一道希望之光。

人为何而活？

我相信生存的基础是"教育"，也就是"人才培养"。

培养人才的过程当然充满辛酸，但能看到一个人有所成长且卖力工作，将会无比地喜悦。

而且能够亲眼看到自己培养的人有所发展，远比自己工作有成更让人感动。

这也就是我会从事这份工作的原因。

我让下属不断累积成功的经验，以此让他们做出我希望他们做出的行为，就好像指导马拉松选手跑步技巧的陪跑教练。

通过这样的教法，有一天，一定能让下属成为一个具有思考和行动能力，并有所成就的人才。

希望本书可以大幅提升各位"教的技术"，培养出更多的人才，同时，也能够通过这样的经验让自己成长、强化自信，并且充分体会培养人才的喜悦和充实感。

最后，我要感谢协助本书出版的木村美幸小姐，以及Kanki出版公司的谷内志保小姐。

同时，对于那些为了协助下属和后进有所成长而购买本书的读者，我也在此表达诚挚的谢意。

2011年6月吉日

日本行为科学管理所所长　石田淳

■ 第41页的解答

将宝特瓶中的水倒入杯子的分解动作

1. 看着宝特瓶。
2. 将非惯用手伸向宝特瓶。
3. 握住宝特瓶。
4. 把宝特瓶拿过来。
5. 以惯用手握住瓶盖。
6. 以逆时针方向转开瓶盖。
7. 将瓶盖放在桌上。
8. 以惯用手握着宝特瓶。
9. 拿起宝特瓶。
10. 以非惯用手握住杯子。
11. 把杯子拿过来。
12. 将宝特瓶拿到杯子上方。
13. 将宝特瓶的瓶口朝下。
14. 将瓶口倾斜至水可流出的角度。
15. 轮流看着杯子和宝特瓶。
16. 把水倒到八分满之后,将瓶身扶正。
17. 把握着杯子的手放开。
18. 将宝特瓶放回桌上。
19. 把握着宝特瓶的手放开。
20. 以惯用手拿起瓶盖。
21. 以非惯用手握住宝特瓶。
22. 将瓶盖拿至宝特瓶瓶口。

23. 将瓶盖盖在宝特瓶瓶口上。

24. 用手指拿着瓶盖。

25. 旋转瓶盖关紧。

26. 放开拿着瓶盖的手。

27. 放开拿着宝特瓶的手。

穿T恤的分解动作

1. 看着T恤。

2. 双手伸向T恤。

3. 两手抓住T恤的肩膀。

4. 把衣服拿到眼睛的位置,以便可以看到整件衣服。

5. 确定衣服是正面。

6. 将标签朝上。

7. 将T恤放在平坦的地方。

8. 确定T恤前后对齐。

9. 两手抓着T恤下摆的两端。

10. 将T恤拿到头的位置。

11. 将T恤的下摆两端撑开成圆形,方便头可以伸进去。

12. 把头伸进T恤里。

13. 把T恤往下拉,让头穿过最大的洞。

14. 把右手臂从下方伸进T恤。

15. 把右手臂穿过袖子。

16. 将右手臂完全伸直。

17. 把左手臂从下方伸进T恤。

18. 把左手臂穿过袖子。

19. 将左手臂完全伸直。
20. 两手抓住T恤下摆两端。
21. 将T恤往下拉，盖住身体。
22. 把手放开。

出版后记

很多管理者苦恼于下属做不好工作，觉得无论怎么教，业绩就是毫无长进。本书作者的观点则是，你没办法改变别人的态度和个性，但是你可以改变他们的行为。作者在行为科学的基础上根据亚洲的商业习惯进行调整，发展出一套新的方法，将其称为"行为科学管理"。

书中介绍的 55 种行为科学管理方法，可以轻松提升管理者指导下属的技术，因为每一种方法都能够直接用于实际的管理工作。比如，将指导的内容分为知识和技术、把目标和任务分解成很小的"行为"、用具体而不是含糊或抽象的语言下指示、每次只教三件事、称赞和强化让人满意的行为等，都是很容易就能学会和运用的。

商业世界竞争激烈，企业需要能够独立思考和解决问题的人才。管理者运用书中的指导方法，一定可以迅速提高下属的能力，让他们大显身手，成为自己的得力干将。

服务热线：133-6631-2326　188-1142-1266

读者信箱：reader@hinabook.com

后浪出版咨询（北京）有限责任公司

2014 年 9 月

图书在版编目（CIP）数据

带人的技术／（日）石田淳著；孙玉珍译 .——北京：北京联合出版公司，2014.8
（2014.10重印）
ISBN 978-7-5502-3354-6

Ⅰ . ①带… Ⅱ . ①石…②孙… Ⅲ . ①企业领导学 Ⅳ . ①F272.91

中国版本图书馆CIP数据核字（2014）第178448号

KOUDOUKAGAKU WO TSUKATTE DEKIRUHITO GA SODATSU!
OSHIERU GIJUTSU © JUN ISHIDA 2011
Originally published in Japan in 2011 by KANKI PUBLISHING INC.
Chinese translation rights arranged through TOHAN CORPORATION, TOKYO.,
and Future View Technology Ltd.

本书中文译稿简体版权由台湾如果出版事业股份有限公司授权，限在中国大陆地区出版发行。

带人的技术

著　者：（日）石田淳
译　者：孙玉珍
选题策划：后浪出版咨询（北京）有限责任公司
出版统筹：吴兴元
特约编辑：方　丽　徐　樟
责任编辑：徐秀琴
封面设计：红杉林文化
版面设计：王雨薇
营销推广：ONEBOOK
装帧制造：墨白空间

北京联合出版公司出版
（北京市西城区德外大街83号楼9层　100088）
北京联兴华印刷厂印刷　新华书店经销
字数97千字　720毫米×1092毫米　1/16　11印张　插页2
2014年9月第1版　2014年10月第3次印刷
ISBN 978-7-5502-3354-6
定价：36.00元

后浪出版咨询（北京）有限公司常年法律顾问：北京大成律师事务所　周天晖 copyright@hinabook.com
未经许可，不得以任何方式复制或抄袭本书部分或全部内容
版权所有，侵权必究
本书若有质量问题，请与本公司图书销售中心联系调换。电话：010-64010019